AF325716

QUELLE EST

LA MEILLEURE FORME

DE GOUVERNEMENT?

OUVRAGES DE M. P.-M. MERVOYER.

—

Étude sur l'association des idées — chez Aug.
  Durand.

Apollonius de Tyane — (texte grec) — Durand.

Grammaire anglaise — Garnier frères.

Histoire gouvernementale de l'Angleterre —
  Germer-Baillière.

Traités métaphysiques latins de Leibnitz, traduits
  en français — Ladrange.

Le Jules César de Shakspeare annoté — Eug. Belin.

Le Vicaire de Wakefield annoté — Eug. Belin.

QUELLE EST

LA

MEILLEURE FORME

DE GOUVERNEMENT?

PAR

SIR GEORGE CORNEWALL LEWIS

CHANCELIER DE L'ÉCHIQUIER SOUS LE MINISTÈRE PALMERSTON

TRADUIT DE L'ANGLAIS

ET PRÉCÉDÉ D'UNE NOTICE SUR LA VIE ET LES OUVRAGES
DE L'AUTEUR

PAR P.-M. MERVOYER

Docteur ès lettres.

* * *

PARIS

GERMER-BAILLIÈRE	ERNEST THORIN
libraire-éditeur	libraire-éditeur
RUE DE L'ÉCOLE-DE-MÉDECINE, 17	BOULEVARD SAINT-MICHEL, 58

1867

SAINT-CLOUD. — IMPRIMERIE DE Mme Ve BELIN.

NOTICE

SUR LA VIE ET LES OUVRAGES

DE

SIR GEORGE CORNEWALL LEWIS

Chancelier de l'échiquier sous le ministère Palmerston.

George Cornewall Lewis était issu d'une ancienne famille du Radnorshire qui paraît déjà dans l'histoire vers le milieu du xv° siècle. Un de ses membres fut sheriff (1) du comté sous le règne d'Édouard II. Un autre remplit les

(1) Les fonctions de shériff, qui sont annuelles, sont obligatoires et gratuites; elles ne peuvent donc être remplies que par un homme de fortune indépendante; et, dans le fait, elles appartiennent presque toujours à une des grandes familles du comté. Placé à la tête de l'administration civile, le shériff veille au maintien de la paix publique, préside les élections et dresse les listes du jury. Il était jadis élu par les francs tenanciers. Il est actuellement nommé par le souverain, en

mêmes fonctions de 1658 à 1659. Thomas Lewis de Harpton, envoyé au parlement par les bourgs de Radnor en 1715, les représenta pendant plus d'un demi-siècle. Sir Thomas Frankland Lewis, père du sujet de cette notice, siégea aux communes pour les mêmes bourgs pendant plus de trente ans, et, après avoir rempli les importantes fonctions de secrétaire de la Trésorerie, de vice-président du conseil de commerce, de trésorier de la marine et de président de la commission de la loi des pauvres, fut élevé, en 1846, au rang de baronnet.

Le jeune Lewis, son fils, qui fut nommé George Cornewall d'après son oncle maternel (1), naquit à Londres au mois d'oc-

conseil des ministres, sur une liste de trois candidats que désignent, chaque année à la Saint-Michel, les grands dignitaires de l'État et les membres des hautes cours de justice.

(1) Le baronnet sir George Cornewall, du comté de Hereford.

tobre 1806. De l'école d'Eton il passa, en 1824, à ce célèbre collége de Christ Church d'Oxford, d'où sont sortis les Peel, les Elgin, les Gladstone, et tant d'autres hommes illustres. Il y fit de fortes études classiques, et prit, en 1828, son degré de bachelier.

Il était, dans sa jeunesse, d'une santé délicate ; et son père, craignant une affection pulmonaire, le fit voyager dans le midi de l'Europe. C'est là qu'il conçut et commença son excellent petit ouvrage *sur les langues romanes* (1), publié quelques années plus tard. En 1830, sur le

(1) *An Essay on the origin and formation of the Romance Languages, containing an Examination of M. Raynouard's Theory on the Relation of the Italian, Spanish, Provençal and French to the Latin,* by George Cornewall Lewis, Esq. A. M. Student of Christ Church, in-8, Oxford, 1835.

M. Lewis s'appelle encore, en 1835, « Étudiant de Christ Church ; » c'est qu'il garda jusqu'à sa mort le titre d'étudiant d'Oxford. Cet ouvrage est apprécié dans la *Revue d'Édimbourg,* vol. LXII, n° 126, art. 6.

même banc que John Romilly, John Mill, et autres hommes devenus célèbres, il suivit, à l'université de Londres, les leçons de jurisprudence de M. Austin, et, l'année suivante, il fut reçu avocat par la société du Middle Temple.

C'est pendant ce cours de droit qu'il fit paraître, en collaboration avec son ami M. Tufnell, une traduction de l'ouvrage de Max Müller, *sur l'Histoire et les Antiquités de la race dorienne*. L'accueil qu'on fit à ce livre l'engagea, plus tard, à traduire l'*Histoire de la littérature grecque* du même auteur (1).

Après avoir fait partie, en 1835, de deux commissions chargées d'examiner, l'une la question des pauvres, et l'autre l'état de l'Église en Irlande, et avoir pu-

(1) Parmi ses traductions de l'allemand, il y en a une excellente de l'*Économie politique des Athéniens* (*Public Economy of Athens*), de Boeckh.

blié un livre remarquable sur les troubles et sur l'Église dans cette partie du Royaume-Uni, il fut attaché, l'année suivante, conjointement avec M. Austin, à la commission d'enquête sur les affaires de Malte. La science légale de l'un, et la sagacité pratique de l'autre, eurent bientôt fait justice de cette administration surannée, espèce de discipline de forteresse, greffée sur les vieilles ordonnances des chevaliers de Saint-Jean, et pesant de tout le poids de ses abus sur une population surtaxée, mécontente et pauvre. Les mesures propres à remédier au mal ayant été indiquées, on ne tarda pas à faire les réformes nécessaires, et le succès en a démontré depuis la sagesse et l'opportunité.

Le retour de M. Lewis en Angleterre le rendit à ses études favorites. Il composa un Glossaire des termes usités dans le Herefordshire et les comtés adjacents, et écrivit son savant *Essai sur le gouvernement des colonies* (1). Il partageait son temps entre les belles-lettres et les fonctions de commissaire de la taxe des pauvres, dans lesquelles il avait succédé à son père en 1839, lorsque, deux ans plus tard, sir James Graham devint ministre de l'intérieur. Cet éminent homme d'État ne connaissait que de réputation M. Lewis, qu'il trouvait sous ses ordres. Il était même, dit-on, légèrement prévenu contre lui, un peu par esprit de parti, et un peu, peut-être, parce qu'il se méfiait des hommes politiques littéraires. « Il est rare, » dit le savant doyen de Saint-Paul, faisant allusion, dans une

(1) Cet ouvrage ne fut livré à la presse qu'en 1841.
An Essay on the Government of Dependencies, by George Cornewall Lewis, Esq., in-8. London, 1841. — Voyez la *Revue d'Édimbourg*, vol. LXXXIII, n° 167, art. 8.

note de son *Histoire des Juifs*, au génie de Lewis, « il est rare que le même homme soit digne d'aspirer aux plus hautes dignités de l'État, et en même temps capable de faire honneur, comme professeur de grec, à la plus savante université de l'Europe. » Si telle est l'opinion d'un savant sur les siens, une suspension de jugement est bien justifiable chez un homme d'État. Quant à un préjugé, sir James en était incapable, et il résolut d'être fixé sur la valeur de Lewis. Il lui demanda comme épreuve une série de rapports. C'était une tâche où un esprit non doué du sens politique devait échouer. Sir James les lut, vit la griffe du lion, et prédit la grandeur future de l'homme auquel il accorda, dès ce moment, une confiance sans bornes.

C'est pendant cette période de sa vie officielle que M. Lewis épousa, en 1844, lady Maria Theresa Villiers, sœur de lord Clarendon.

En 1846 parut son édition des *Fables de Babrius*, l'œuvre d'un vrai savant. Elle avait été précédée d'un mémoire sur ce sujet dans le *Classical Museum*. Il est impossible, dit le *Times*, de lire ce mémoire sans être frappé de la facilité et en même temps de la laborieuse patience avec lesquelles l'auteur puise à toutes les sources, et pèse la valeur de chaque goutte dans une balance d'une sensibilité exquise. Si parfois le labeur d'une critique si savante semble hors de proportion avec le résultat, et nous rappelle ces légers globes d'ivoire oriental, décroissant en sphères concentriques de la plus fine ciselure, il est impossible de ne pas admirer cette puissante souplesse qui passe à volonté de ces élégants tours de force de l'esprit à la solution aussi ardue et plus importante de graves problèmes politiques.

Le personnel de la commission de la loi des pauvres ayant été renouvelé, M. Lewis devint, en 1847, secrétaire du conseil des Indes, et, la même année, il entra au parlement. A l'envers de la majorité des hommes politiques de l'Angleterre, qui débutent d'ordinaire par la chambre des communes, il y siégea pour la première fois à l'âge de quarante et un ans, lorsqu'il avait déjà acquis une expérience considérable de la vie officielle. C'est peut-être ce début tardif qui fit qu'il n'eut jamais cette rapidité d'expression, cette prompte dextérité à la riposte, cet élan et cet éclat qui, dans une assemblée d'improvisateurs exercés, et peut-être les plus exigeants du monde, sont nécessaires pour faire un orateur de premier ordre. Mais l'excellence de sa

matière due à l'étendue de ses connaissances et à l'exactitude de ses rensei-
gnements, son habileté pratique et sa
promptitude à saisir tous les points d'une
question, la clarté de son esprit et son
infaillible bon sens, sa sincérité dans la
discussion, et la certitude où l'on était
qu'il ne parlait que lorsqu'il avait quelque chose d'important à dire, donnaient
à sa voix, dans les Communes, une autorité que des hommes plus éloquents ont
enviée. On peut citer son discours sur les
appels criminels comme un excellent
échantillon de sa manière. En mai 1848,
M. Lewis passa du secrétariat du conseil
des Indes au sous-secrétariat de l'intérieur. Il conserva ces dernières fonctions
jusqu'au mois de juillet 1850, époque où
il fut nommé secrétaire financier de la
Trésorerie. Il occupa ce poste jusqu'à la
dissolution du ministère Russell en 1852,

et c'est là qu'il se fit cette réputation d'habileté financière qui le conduisit plus tard à l'Échiquier.

Pendant ces cinq années de travaux officiels et parlementaires, son activité littéraire ne se ralentit pas ; et, en 1849, parut son *Essai sur l'influence de l'autorité en matière d'opinion* (1). M. Lewis, dit la *Revue d'Édimbourg,* en rendant compte de cet ouvrage, ressemble, en littérature, à un topographe qui fait un plan parcellaire. Il choisit un petit espace en philologie, en philosophie ou en politique, soumet chaque partie à une investigation minutieuse, et construit une carte plus complète et plus exacte qu'il n'eût fait en prenant un champ plus étendu, et par conséquent une échelle

---

(1) *An Essay on the influence of Authority in matters of Opinion,* by George Cornewall Lewis, Esq. London, 1849. — Voyez *Revue d'Édimbourg,* vol. XCI, n° 184, art. 8.

plus petite. Ses Essais *sur l'emploi et l'abus des termes politiques* (1), *sur les troubles en Irlande, sur les Irlandais en Angleterre*, et *sur le gouvernement des colonies*, en sont des exemples remarquables. Aucun de ces sujets n'avait été traité avant lui d'une manière distincte. Entre ses mains ils ont acquis une importance telle, qu'aucun écrivain futur ne pourra négliger ses recherches ou ses opinions. Mais il y a cette différence entre le topographe et le moraliste, que le premier peut faire une carte de sa commune sans l'avoir jamais quittée, tandis qu'il est impossible d'écrire sur une question morale sans avoir réfléchi sur toutes celles qui y touchent, et sur beaucoup d'autres qui semblent avoir avec elle peu ou point de connexité. La grande variété des ma-

(1) *An Essay on the use and abuse of Political Terms.*

tières que M. Lewis a étudiées comme philosophe, et de celles dont il a eu à s'occuper comme administrateur et homme d'État, contribue essentiellement à l'ampleur de ses vues et à la vérité de ses conclusions.

Le cabinet de lord John Russell venant à se dissoudre en 1852, M. Lewis quitta la vie officielle, et, perdant son siége dans une élection générale, il sortit de la chambre des communes où, depuis 1847, il représentait le comté de Hereford. Plus tard, il s'offrit comme membre pour les bourgs de Radnor que ses ancêtres avaient si souvent représentés.

Après la mort de M. Empton vers la fin de l'année 1852, M. Lewis, rendu à la vie privée, le remplaça comme éditeur de la *Revue d'Édimbourg*. Il en eut la direction jusqu'en 1855, et refusa, pour la conserver, le gouvernement de Bombay, qu'on lui offrit en 1853. « L'Inde, » écrit-il à un ami, « est un noble théâtre et un magnifique champ d'activité, surtout au moment où l'on m'y appelle ; mais il faudrait rompre plusieurs fils que je tisse amoureusement. J'y renonce et reste fidèle à ma *Revue*. »

C'est l'année qu'il en devint l'éditeur, et qu'on le croyait livré tout entier à cette tâche, que parut son *Traité de l'observation et du raisonnement en politique* (1) dont le but est de faire justice d'une foule de spéculations politiques en démontrant la fausseté de la méthode qui a conduit certains penseurs à certaines conclusions, sans toutefois réfuter séparément ces conclusions elles-mêmes. Puis vint, trois ans plus tard, un ouvrage

(1) *A Treatise on the Methods of Reasoning and Observation in Politics*, by George Cornewall Lewis, Esq. London, 1852.

capital sur le degré de croyance qu'il
faut accorder aux premiers âges de l'histoire romaine (1). « Ce livre, » dit un
écrivain contemporain, « est un admi-
rable échantillon de critique analyti-
que. On y trouve une connaissance ap-
profondie et une parfaite intelligence
des autorités primitives, une juste appréciation de tous les travaux antérieurs, et
un profond savoir historique, auquel
toutes les recherches, tant anciennes que
modernes, sont familières. Les exemples
et les rapprochements tirés d'un sujet
collatéral, l'antiquité grecque, sont nombreux et frappants. Sobre de conclusions
et sévère en fait de preuves, c'est l'œuvre d'un homme qui, poursuivant ar-
demment la vérité, n'a pas honte d'a-

(1) *An Inquiry into the Credibility of the Early Roman
History*, by the Right Hon. Sir George Cornewall Lewis,
Bart. 2 vol. London, 1855. — Voyez la *Revue d'Édimbourg*,
vol. CIV, n° 211, art. 1.

vouer qu'elle lui échappe, et se résigne à cet état et à cet aveu d'ignorance, lorsqu'il n'y a pas de preuves irrécusables pour justifier une affirmation. C'est l'antithèse de cette confiance également hardie dans la foi et dans le doute, de cette ardeur de divination qui a si souvent entraîné et égaré le vigoureux génie de Niebuhr. C'est une protestation contre la licence de substitution et de construction de l'historien d'outre-Rhin.» Les Allemands ont reproché au savant Anglais d'avoir fait une œuvre négative; mais il n'a jamais eu la prétention d'écrire une histoire romaine. «Ma critique,» dit-il, dans une lettre écrite en 1853, «sera purement négative. Je ne pose point de base, je n'élève point d'édifice; mon but principal est de faire voir que les théories systématiques de Niebuhr sont insoutenables, et ne valent pas mieux que cel-

les dont il a fait table rase. Je viens de
le suivre à travers les nombreuses per-
versions et les distorsions prodigieuses
qu'il a fait subir aux œuvres de l'antiquité.» On voit quel était le but de l'auteur, et ce but il l'a atteint. Son ouvrage
est un arsenal complet d'armes pour le
côté négatif de la question. L'historien y
trouve mieux qu'ailleurs les problèmes à
attaquer, les moyens de les résoudre, et
les succès obtenus par ces moyens ; enfin
les contradictions et les inconséquences
dont fourmillent les autorités primitives
déjà si maigres d'ailleurs.

Nous sommes en 1855. Sir Thomas
Frankland Lewis vient de mourir, et son
fils, devenu, par le décès du baronnet, sir
George Cornewall Lewis, est élu à sa
place pour représenter les bourgs de
Radnor dans la chambre des communes.
Lord Palmerston, nommé premier lord

de la Trésorerie (1), lui propose de faire partie du cabinet dans sa nouvelle administration, et lui offre le poste de chancelier de l'Échiquier. « A peine arrivé à Londres après mon élection, » dit-il dans une lettre du 18 mars 1855, « on me proposa subitement la charge de

(1) Depuis la suppression, sous la reine Anne, de la charge de lord grand trésorier, l'administration des finances est confiée à deux ministres, le premier lord de la Trésorerie, et le chancelier de l'Échiquier. Ces fonctions sont quelquefois réunies dans les mêmes mains. C'est une exception qu'a obtenue notamment sir Robert Peel, en 1834*. Le premier lord de la Trésorerie, qui est le premier ministre en Angleterre et préside le conseil des ministres, n'intervient en matière financière que dans les questions d'une haute importance. Il abandonne les détails de l'administration au chancelier de l'Échiquier, ainsi que la présidence habituelle de la cour de la chancellerie. C'est le chancelier de l'Échiquier qui prépare le budget, qui le présente à la chambre des communes, où il en soutient la discussion, et le fait exécuter. Il a pour collaborateurs les trois *junior* lords et deux secrétaires adjoints, également membres de la cour. La Trésorerie se divise en plusieurs sections se rapportant aux principaux impôts, les douanes, l'excise, le timbre, les postes, les domaines, et ayant chacune un président et un conseil spécial.

* Pitt, en 1801, et plus tard, Addington, Canning et Perceval, réunirent aussi les deux charges. Voy. *Hist. du Gouvernement parlementaire*, p. 383.

chancelier de l'Échiquier sous lord Palmerston. Mes affaires privées étaient pressantes ; je n'avais pas même eu le temps de faire homologuer le testament de mon père. Éloigné du parlement depuis deux ans, j'étais étranger dans la chambre des communes. Je devais succéder à Gladstone, dont les talents avaient ébloui le monde. Sur le seuil de l'Échiquier m'attendaient une vilaine question de timbre, un gros budget de guerre, et un formidable tableau d'impositions additionnelles. Le tout devait être prêt en trois semaines. Je reculai. Mais bientôt je me demandai si un refus serait honorable, si dans la position où se trouvait le gouvernement, on ne l'appellerait pas lâcheté. Je vis le pape mis en enfer par Dante :

« Guardai, et vidi l'ombra di colui
» Che fece per viltade il gran rifiuto.»
(Inferno, canto III.)

J'acceptai.» «La simplicité,» dit un écrivain de la *Revue d'Edimbourg*, «avec laquelle sir George Lewis parle de son embarras en recevant l'offre de l'Échiquier, est en harmonie avec son caractère et toute sa conduite. On pourrait soupçonner d'affectation tout autre que celui qui refusa un gouvernement dans l'Inde pour diriger une revue; qui, étranger à la vanité, à l'irritabilité et à l'envie, n'a jamais permis aux considérations personnelles de grossir les questions politiques; qui, sacrifiant les justes titres que pouvaient lui donner des fonctions antérieures plus élevées, a toujours pensé, en entrant dans un ministère, à ce qu'il pouvait faire pour la place, non à ce que la place pouvait faire pour lui, et qui a donné une preuve éclatante de ce noble oubli de soi, lorsque, à la mort de lord Herbert of Lea, il consentit à passer du ministère de l'intérieur, où il avait tant de prestige, à celui de la guerre, où il avait tout un apprentissage à faire, et qui répugnait à ses goûts et à son génie.» S'il est quelque chose d'aussi rare que cette abnégation, c'est le prodige de souplesse et de persévérance par lequel il est parvenu à remplir, avec l'habileté d'un spécialiste, tant de charges de nature différente. Il conserva celle de chancelier de l'Échiquier depuis le mois de mars 1855 jusqu'en février 1858, et s'acquitta de ses fonctions avec tant de talent et de zèle que, depuis qu'il a cessé de les remplir, il a maintes fois été regretté de la cité de Londres, autorité compétente autant que juge difficile en matière de finances.

Lord Palmerston, nommé de nouveau premier lord de la Trésorerie, forma une nouvelle administration en 1859, et sir

George Cornewall Lewis y entra comme
ministre de l'intérieur. Il conserva cette
charge jusqu'en 1861, époque où mourut
le ministre de la guerre, lord Herbert of
Lea. Sa présence au poste vacant ayant
été jugée nécessaire par les autres membres du cabinet, il céda aux instances de
ses collègues, et accepta le portefeuille
de la guerre. Il le tenait en 1863 lorsque,
s'étant absenté de Londres pour les va-
cances de Pâques, il prit un refroidis-
sement qui amena une congestion pulmonaire à laquelle il succomba le jour
même de la rentrée du parlement. C'est
au milieu de ses travaux au ministère de
l'intérieur qu'il trouva le temps d'écrire
son *Histoire de l'Astronomie ancienne* (1),
publiée en 1862. On a blâmé, comme

(1) *An Historical Survey of the Astronomy of the An-
cients*, by the Right Honourable George Cornewall Lewis.
London, 1862. — Voyez la *Revue d'Édimbourg*, vol. CXVI,
n° 235, art. V.

trop sévère et trop absolue, la critique qu'il y fait des interprétations des hiéroglyphes et des caractères cunéiformes. Il n'était pas profond orientaliste, et il est possible qu'il n'ait pas eu une connaissance entière de tout ce que la science avait accompli avant lui. Mais cela n'infirme en rien son appréciation des procédés suivis, ni la valeur de ses conseils pour les procédés à suivre ; et il n'y a rien à opposer aux arguments qu'il emploie pour nous faire voir la nécessité d'exiger des déchiffreurs des preuves plus rigoureuses et plus convaincantes. A propos de cette classe aussi confiante qu'érudite, il avait publié l'année précédente un jeu d'esprit contre les interprètes des anciennes inscriptions italiennes et assyriennes ; et même l'idée d'un ouvrage sérieux sur cette matière s'était depuis longtemps présentée à son esprit. Déjà, en 1858, il avait écrit à un ami : « Je médite un essai pour prouver que les efforts récents des Allemands pour expliquer les tables eugubiennes et autres inscriptions de l'Italie sont aussi frivoles que téméraires. » Quant au grand ouvrage qui donne lieu à cette digression, quelles que puissent être les opinions diverses sur certaines parties de l'*Histoire de l'Astronomie ancienne*, il est à peu près convenu que le sixième chapitre est resté jusqu'aujourd'hui sans réponse.

C'est en 1863, l'année de la mort de l'auteur, que parut le *Dialogue sur la meilleure forme de gouvernement* dont nous donnons ici aujourd'hui la traduction (1). Il en décrit lui-même le plan en ces termes : « J'ai supposé un dialo-

(1) *A Dialogue on the best form of Government*, by the Right Honourable Sir George Cornewall Lewis, Bart, M. P. London, 1863. — Voyez *Revue d'Édimbourg*, vol. CXVIII, n° 241, art. V.

gue ayant lieu de notre temps et en notre
pays entre quatre Anglais d'éducation
libérale. J'ai tâché d'exposer la cause de
chacune des trois formes de gouvernement reconnues, la monarchie, l'aristocratie et la démocratie, comme repré-
sentée par un partisan sincère, et de
mettre dans sa bouche les arguments
dont se servirait un défenseur spécial
et judicieux de cette cause. Je me suis
efforcé de faire paraître chaque gouvernement sous le point de vue où le ver-
rait un admirateur enthousiaste, et d'opposer aux autres formes les plus fortes
objections que leurs adversaires puissent
faire valoir. J'ai cherché à conduire la
controverse de manière à bien mettre
en évidence les mérites de chaque thèse,
mais sans épuiser le sujet. Un dialogue
n'est pas propre à instruire systématiquement, ni à être traité d'une manière

strictement scientifique. » Des quatre
personnes mises en scène, Monarchicus,
Aristocraticus, Democraticus et Crito,
il est probable que la dernière représente à peu près les opinions de l'auteur.
Ce sont celles d'un homme public éminent dont la science politique, aussi profonde qu'étendue, a été acquise par l'é-
tude de l'histoire et de la philosophie, et
par une longue expérience personnelle,
d'un ennemi déclaré de la guerre et des
révolutions violentes, qui appelle de tous
ses vœux l'union pacifique des peuples
comme le plus sûr moyen qu'ils aient
de conquérir leur liberté et d'accroître
leur bien-être. Il est profondément convaincu que le système représentatif ou
parlementaire, qu'il appelle la pierre philosophale de la politique, est le seul qui
convienne aux peuples de l'Europe, et
qu'ils sont tous destinés à jouir des bien-

faits de la liberté. « Si la paix, dit-il, con-
tinue à régner parmi les grandes puissances, que la richesse et l'industrie puissent se développer tranquillement, sans
être arrêtées ou anéanties par la violence,
nous nous refusons à croire que les parties les plus civilisées du continent européen restent soumises à des formes purement despotiques de gouvernement (1). »
Il combat victorieusement l'opinion de
ceux qui prétendent que la race anglo-
saxonne est seule propre, par son tempérament calme et flegmatique, aux institutions représentatives, et que les autres
races sont incapables d'exercer cet empire sur soi-même, qui est indispensable
à la conduite régulière des affaires dans
une grande assemblée délibérante. « Les
gouvernements républicains de l'anti-

(1) *Histoire gouvernementale de l'Angleterre*, p. 74. —
Germer-Baillière.

quité et du moyen âge qui, malgré
leurs défauts, étaient les meilleurs de
leur temps, prouvent qu'un gouvernement libre n'est pas le monopole d'une
race privilégiée (1). » « Il y avait déjà, »
dit-il dans ce dialogue, « des débats dans
des assemblées nombreuses, lorsque les
races teutoniques étaient encore dans un
état barbare, ou à demi sauvage, et
quels qu'aient pu être les défauts des
républiques anciennes, l'impossibilité de
se faire entendre dans un sénat nombreux ou même en plein air, était, certes, un des moindres. On peut en dire
autant des républiques du moyen âge,
et affirmer en toute confiance que si les
gouvernements parlementaires de la
France, et d'autres États, n'avaient pas
été minés par des influences plus dange-

(1) *Ibid*. p. 73.

reuses que celle que pouvaient avoir
quelques débats tumultueux dans leurs
chambres, ils auraient mis plus de temps
à périr et fait plus d'efforts pour se sau-
ver. » L'auteur expose et discute avec
talent les avantages et les désavantages
des différentes formes de gouvernement,
puis il les juge avec impartialité en portant la conviction dans les esprits par la
solidité des arguments. Mais nous devons
nous borner ici à ces indications, et ren-
voyer le lecteur au dialogue lui-même,
qu'il trouvera plein d'intérêt et d'ensei-
gnements précieux. Il est d'ailleurs conduit avec art, écrit avec ampleur et ca-
ractérise bien l'esprit large et impartial
de sir George Lewis.

Nous croyons avoir parlé de toutes
ses productions littéraires importantes,
qui forment des ouvrages distincts. Mais
on se ferait une idée bien imparfaite de

son activité intellectuelle, et de son influence sur l'érudition, l'histoire et la
philosophie, en ne tenant compte que
de ceux-là. Ses travaux d'homme de
lettres n'ont jamais été interrompus par
les occupations si nombreuses et si graves de sa vie officielle, et la variété de
ses écrits philosophiques, politiques et
littéraires, est si grande qu'on a peine à
les énumérer, éparpillés qu'ils sont dans
une multitude de publications contemporaines. Dans la *Revue d'Édimbourg*,
il a souvent traité des questions d'histoire
et de politique moderne, et l'*Histoire
Gouvernementale de l'Angleterre* que
nous venons de publier (1), est la traduction d'un recueil de sept articles sur
les ministères qui se sont succédé depuis
le gouvernement de lord North jusqu'au

(1) Chez Germer-Baillière, Paris, rue de l'École-de-Méde-
cine, 17.

bill de réforme. Les documents originaux de toute sorte qui servent de fondements à ses conclusions, la solidité et l'impartialité de ses jugements sur les hommes et les choses, font du livre de sir George Lewis, non une de ces œuvres conjecturales où dominent trop souvent les préjugés et l'esprit de parti, mais une histoire substantielle et exacte des négociations ministérielles et des grandes questions politiques dont les parlements ont eu à s'occuper depuis 1770 jusqu'en 1830. L'ouvrage renferme en même temps sur la manière de conquérir un gouvernement libre, et sur la conduite des partis en général, des vues saines et des conseils précieux qui se recommandent à l'attention la plus sérieuse des hommes d'État de toutes les nations de l'Europe.

Lorsque, de 1851 à 1852, le *Philolo-*

gical Museum fut commencé par l'évêque de Saint-David et l'archidiacre Hare, sir George Lewis en fut un des premiers collaborateurs. Il y débuta par une revue de l'édition que donna Goettling de la *Politique d'Aristote* ; puis vint un article relevant une erreur du *Journal de l'Éducation*, qui avait confondu le κλῆρος des élections grecques (en anglais *lot*) avec le scrutin (*ballot*) ; enfin un Mémoire sur les diminutifs anglais. Le second volume contient un Examen du livre d'Arnold sur la constitution lacédémonienne, une Discussion sur les prétérits et les génitifs anglais, et quelques observations sur l'*Histoire des nations anciennes de l'Italie* par Micali. Dans le *Classical Museum*, qui parut en 1844, on trouve un article sur les *Helléniques* de Xénophon, un autre sur le verbe anglais *to thirl*, et une note curieuse à propos de quelques remarques de Napoléon sur le siége de Troie. Ses articles pour le *Law Magazine*, recueil traitant de jurisprudence et de questions de droit, sont nombreux et d'une grande valeur. On en remarque entre autres plusieurs sur les punitions secondaires, un sur les preuves résultant de présomption, un autre sur la peine capitale, et enfin un sur le procès de la Roncière. Plus tard, il publia à part, en un volume distinct, un *Essai sur l'extradition des criminels*, où il discute avec une grande sagacité les conflits de juridiction qui ont soulevé, dans ces derniers temps, entre États civilisés, des questions si délicates et si importantes.

Il paraît à Londres une publication intitulée: *Notes and Queries* (1), au

______

(1) Notes et questions.

moyen de laquelle ceux qui s'occupent
d'érudition en font échange sans se connaître. Le savant qui a besoin d'aide, et
même l'ignorant qui cherche la lumière,
pourvu que sa question soit intéressante
et bien formulée, est sûr de recevoir de
quelque point du Royaume-Uni, et souvent de plusieurs à la fois, la solution de
la difficulté qu'il a posée. Il n'est guère
de problème soluble qui résiste à la sagacité collective de cette franc-maçonnerie
savante, et au travail divisé de cette
armée de chercheurs. Un recueil de ce
genre ne peut manquer d'être un très-
curieux pot-pourri d'érudition excen-
trique, et sir George Lewis y a donné
des preuves nombreuses de l'étendue et
de la variété de ses connaissances. En
prenant seulement la seconde série, nous
trouvons de lui : *Niebuhr, sur la lé-
gende de Tarpeia*, vol. III ; le *Commerce*

de l'étain chez les anciens, vol. VI ; *Tartessus*, vol. VII ; *Du Bonasus, du Bison et du Bubalus*, vol. IX. A propos de ces derniers articles, nous rappellerons qu'il désirait beaucoup voir composer un *Dictionnaire d'histoire naturelle grecque et romaine*. Il regrettait qu'un livre de ce genre manquât en Angleterre et en Allemagne, pensant qu'il serait d'une grande utilité à l'étudiant des langues classiques. Le dernier article qu'il ait fourni au recueil dont nous venons de parler est un *Mémoire très-intéressant sur la présidence des assemblées législatives*, écrit peu de temps avant sa mort.

Nous avons donné, croyons-nous, une liste assez complète des écrits de sir George Lewis. Quelques œuvres secondaires ont dû nous échapper, et nous n'avons pas dit un mot de ses brochures sur des questions d'actualité, quoiqu'elles aient fait sensation au moment où elles parurent. Toutes ses compositions écrites, ainsi que ses discours, unissent une grande simplicité à une grande puissance. Il cherchait l'ampleur, la clarté et la force. Avec une juste appréciation du beau dans la composition, il dédaignait les artifices de rhétorique qui sacrifient le jugement à l'imagination. Très-sobre d'ornements et ennemi de l'enflure, il rejetait toute métaphore qui ne découlait pas immédiatement du sujet. On peut dire que son style était le reflet de la sincérité de son caractère, dont le fond était la réalité et la droiture. Tout ce qui sentait l'artifice lui répugnait. Cette noble franchise, il la portait dans la vie publique et dans la vie privée. Il n'eût pas plus songé à user de stratagème envers un adversaire politique qu'il n'eût donné une entorse à un

texte grec pour se ménager un triomphe
dans une discussion littéraire. Calme et
impartial, il réfléchissait longtemps pour
former son opinion : une fois formée, il
la défendait avec fermeté, mais sans obs-
tination. Mathématicien exercé, hellé-
niste accompli, jurisconsulte, historien,
philosophe, c'était peut-être l'Anglais le
plus savant de son époque. Son érudition
embrassait toute la littérature ancienne
et moderne, et elle était aussi spéciale,
nous dirons presque aussi minutieuse,
qu'elle était étendue. Une grande partie
de ses connaissances appartenait à celles
qu'on trouvait autrefois au cloître de
Saint-Maur. Sous un tel fardeau de
science accumulée, la plupart des esprits
sont incapables de se mouvoir et se con-
tentent d'en porter péniblement le poids.
Lui, au contraire, avait conservé toute
l'agilité intellectuelle de l'homme d'ac-

tion, et c'est du milieu du mouvement de sa vie officielle, du tourbillon du grand monde et des luttes ardentes de la chambre des communes, où il passait régulièrement la moitié de chaque nuit, qu'il venait tout à coup nous étonner par quelque œuvre magistrale sur une question d'histoire ou de philosophie ancienne. Ni le politique, ni le savant, ni le philosophe, n'avait effacé l'homme; ce qui en lui dominait tout le reste, c'était le citoyen, membre actif et force vive de la nation; l'Anglais plein d'initiative et d'individualité, vivant énergiquement de cette grande vie publique de l'Angleterre; un de ces types que produisent seuls les pays libres. Un levain d'*humour* national qualifiant la bonhomie des grandes âmes, et une conversation pleine d'esprit et d'intéressantes anecdotes, donnaient un grand charme à son commerce intime. Personne n'était plus aimable dans la vie intérieure, ni plus gai dans la société de ses amis. Mais il prenait peu goût aux fêtes banales de la société oisive ; et en venant parfois lui disputer les heures d'étude qu'il dérobait aux affaires, elles lui ont fait dire finement : « la vie serait supportable si l'on en supprimait les plaisirs. »

Tel était l'homme que l'Angleterre regrette. On a dit qu'il n'est personne dont le monde ne puisse se passer : cela est vrai, sans doute ; et si les astres qui l'éclairent venaient à s'obscurcir, il tournerait encore. Mais il est des choses dont on ne se passe qu'au prix de la beauté et de la puissance ; et certains hommes laissent en mourant une lacune que plusieurs générations sont impuissantes à combler. De ce nombre fut sir George Cornewall Lewis.

PRÉFACE.

Depuis l'origine de la spéculation politique jusqu'à une époque récente, ce qui a caractérisé, en général, toute recherche de cette nature, c'est l'idée de découvrir l'État parfait, la meilleure forme de gouvernement. Cette pensée a fait les frais de tous les traités de politique. Trouver l'État modèle, tel est l'objet du dialogue de Platon. Bien qu'elle soit plus pratique, et qu'elle s'appuie plus spécialement sur les faits, la *politique* d'Aristote n'a pas d'autre but. Théo-

phraste a écrit περὶ τῆς ἀρίστης πολιτείας, et
Cicéron appelle son dialogue *de Repu-*
blica une enquête *de optimo reipublicæ*
statu. Les sociétés imaginaires et les
romans politiques que le xvi, le xvii et
même le xviii siècle se plaisaient à créer,
n'étaient que de prétendues solutions du
problème de l'État parfait (1). Enfin
M. James Mill, dans son article sur le
gouvernement de l'*Encyclopédie Britan-*
nique, a entrepris de démontrer que la
meilleure forme, c'est la démocratie.

Les compositions de ce genre sont de-
venues fort rares de nos jours, et elles
ont même en effet presque entièrement

(1) On trouvera une liste et une description complète de
tous les ouvrages de ce genre dans le volumineux traité du
professeur Mohl, *Geschichte und Literatur der Staatwissen-*
schaften (Erlangen, 1855), vol. I, pp. 167-214.

disparu, parce que l'opinion régnante les regarde comme inutiles. Aujourd'hui l'on partage sur ces échafaudages philosophiques le sentiment de lord Bacon, « que » les républiques idéales ressemblent » aux étoiles qui sont trop élevées pour » donner de la lumière. » Cependant la question des formes gouvernementales n'a pas perdu toute son importance; elle exerce encore une très-grande influence sur le bonheur des nations; non-seulement elle les atteint dans leurs intérêts, mais elle remue fortement les passions de l'humanité, et enrôle des multitudes de partisans fanatiques sous ses bannières opposées.

Ces considérations m'ont fait croire qu'un exposé succinct des principaux arguments pour et contre chaque variété de régime politique pourrait satisfaire à un besoin du lecteur contemporain. J'ai préféré la forme du dialogue, parce qu'elle permet de faire plaider des causes contradictoires sans nécessité de conclure, ou d'offrir au lecteur une solution dogmatique.

Lorsque, grâce à plusieurs dynasties de philosophes, une science s'est fait une position, la forme de l'entretien devient indigne d'elle. Quel savant s'aviserait de réduire la théorie de l'astronomie, de la chimie, de la mécanique à une controverse entre interlocuteurs? Mais lorsque la philosophie en était encore à ses premiers tâtonnements dans la recherche de la vérité, Platon revêtit ses spéculations

de la forme du dialogue, et cette forme
continua à jouir d'une grande faveur chez
les anciens, après que les raisons qui
l'avaient introduite, eurent disparu. Le
discours de Tacite sur la décadence de
l'éloquence, et la plupart des œuvres
philosophiques de Cicéron, sont des en-
tretiens. Les modernes ont moins affec-
tionné ce genre; cependant Berkeley
trouva dans l'état de la métaphysique,
l'occasion de placer son dialogue du
Petit-Philosophe. Fontenelle fait de la
Pluralité des Mondes le sujet d'un entretien. Southey, et d'autres depuis lui, ont
fait du dialogue le véhicule d'opinions
diverses sur des questions politiques et
sociales.

Le mérite particulier du dialogue philosophique, c'est de présenter sous une forme frappante et compacte les deux faces d'une question en litige. Ce n'est ni un débat, ni une conversation. On n'y trouve ni les périodes prolixes de l'un, ni le décousu et l'improvisation rapide et incohérente de l'autre. Il nous offre les avantages du genre dramatique ; la facilité de mettre en avant les arguments opposés avec l'apparence de la conviction chez les antagonistes.

Mon dialogue a lieu à notre époque et dans notre pays, entre quatre Anglais d'éducation libérale. Chacun représente sincèrement une des trois formes, monarchie, aristocratie et démocratie, et soutient sa cause par tous les arguments dont ferait usage un défenseur habile.

Chaque gouvernement est tour à tour apprécié par un admirateur enthousiaste, et jugé sévèrement par deux adversaires. Je conduis le débat de manière à mettre en relief les mérites de chaque cause, sans toutefois épuiser le sujet. Le dialogue, rebelle à la méthode scientifique, ne permet pas d'instruire systématiquement.

Cela posé, il est peut-être superflu d'ajouter que je ne m'identifie avec aucun des interlocuteurs, et ne me rends responsable d'aucun de leurs arguments. Je dois dire cependant que jamais je n'ai mis sciemment dans la bouche de mes personnages une forme plausible pour déguiser une proposition fausse. On ne trouvera aucun artifice de langage ou de forme, aucun sophisme dénué de force probante. Chaque argument a sa valeur dans la limite de sa portée, bien qu'il puisse être réfuté par un argument plus fort. Je comparerais volontiers cette controverse à une tenue de livres en partie double, où il s'agit d'établir la balance entre le doit et l'avoir : les unités d'une colonne peuvent être d'un ordre moins élevé que celles de l'autre ; mais ce sont des quantités néanmoins. Telle est la nature de tous les problèmes moraux et politiques. Quand le talent ne fait pas défaut au défenseur, les raisons ne manquent pas à la cause. De deux groupes d'arguments solides, décider lequel l'emporte, voilà le problème.

———

QUELLE EST LA MEILLEURE
FORME DE GOUVERNEMENT?

INTERLOCUTEURS :

Monarchicus. — Aristocraticus. — Democraticus. — Crito.

CRITO.

Enfin, mes chers amis, je vous trouve réunis chez moi ; la politique est votre fort, et nous allons en causer. Malgré la divergence des opinions que vous soutenez avec tant d'ardeur, voici une observation qui vous concerne tous les trois. Il me coûte moins de donner mon assentiment à chacune des opinions qui vous séparent qu'à l'hypothèse fondamentale qui vous unit. Je vous ai entendus mainte

et mainte fois vous prononcer sans ré-
serve en faveur d'une certaine forme de
gouvernement, et appeler la guerre, la
révolution, l'intervention étrangère, en
un mot toutes les mesures possibles de
violence pour la faire prévaloir par la
destruction du régime qui existe. Vous
ne daignez pas démontrer que telle forme
s'adapte mieux à la condition et aux be-
soins de tel peuple ; qu'elle peut conjurer
les maux auxquels telle société est expo-
sée, ou lui procurer les avantages qui lui
manquent. Vous croyez que votre pana-
cée agira fatalement comme un charme.
Eh bien, de toutes les branches de la
science législative, celle qui cherche à
déterminer la meilleure forme de gouvernement, est, à mon sens, la plus fri-
vole. Il n'en est point où les règles soient
plus difficiles à faire, et où, une fois faites,
elles aient moins de valeur. Je sais qu'une

longue suite de rêveurs politiques depuis
Platon jusqu'à James Mill, se sont pro-
posé de résoudre le problème. Fût-il
soluble, leurs efforts auraient certainement produit quelques résultats utiles :
ces résultats, où sont-ils? Aucune république idéale, aucun *Etat parfait*, éclos
du cerveau d'un penseur, n'a pu se faire
approuver et adopter du monde civilisé.
En supposant même qu'on ne tienne nul
compte de l'opinion populaire, et qu'on
exclue du grand conseil public toute la
masse des ignorants, pour ne recueillir
que les votes des membres éclairés, on
n'obtiendrait pas, pour une de ces uto-
pies, un *consensus eruditorum*. Vous vous
rappelez le distique

La forme de l'État préoccupe les fous ;
Le mieux administré, c'est le meilleur de tous.

Ces vers ne seraient pas si souvent répétés,

si la majorité des hommes n'était convaincue de leur vérité.

ARISTOCRATICUS.

Il me semble, mon cher Crito, que vous et votre Pope, que vous citez, tombez l'un et l'autre dans une pétition de principe. Nos deux amis que voici et moi, tout en préférant chacun un type différent de gouvernement, nous nous accordons cependant à penser qu'il en est un par excellence plus propre que tous les autres à assurer le bonheur des gouvernés. Nous savons que législation et constitution sont en elles-mêmes lettres mortes, et que c'est l'administration qui donne la vitalité aux lois. Mais convaincus que nous sommes que la forme du régime politique détermine la substance des lois, et la manière dont on les exécute, nous soutenons qu'il n'y a qu'un seul genre de gouvernement qui puisse être bien administré, et nous disons : donnez-nous la meilleure forme et nous vous donnerons la meilleure administration.

CRITO.

Certes, je suis loin de nier que la partie exécutive d'un gouvernement dépende, dans une certaine mesure, de la forme de la constitution et des lois en vigueur. Il se peut qu'ici comme ailleurs, Pope ait sacrifié la vérité à l'épigramme ; mais le principe contre lequel je proteste est celui qui vous fait chercher à introduire partout la forme qui vous est chère. Quelle que soit la prospérité d'un pays, quelque satisfait que le peuple soit de son sort, vous n'êtes tranquilles qu'autant que vous pouvez lui donner une constitution taillée sur votre modèle.

S'agit-il d'une aristocratie ou d'une démocratie? vous, Monarchicus, vous y substituez l'autorité d'un seul. Le régime existant est-il monarchique ou populaire? Aristocraticus veut mettre une oligarchie à sa place. Enfin, est-ce un roi ou une noblesse qui gouverne, vite une république populaire pour plaire à Democraticus. Les coutumes, les rapports, les traditions, vous les comptez pour rien. Vous croyez pouvoir pétrir comme de l'argile entre vos doigts une communauté humaine, en faire mouvoir les membres comme les pions sur un échiquier, ou comme des soldats dans une revue. Vous ne doutez pas que votre nouvelle constitution ne fonctionne avec l'exactitude et la régularité d'une machine, que les mouvements n'en puissent être calculés d'avance, et qu'elle ne produise infailliblement les effets que vous en attendez. Eh bien, vous pouvez m'en croire, lorsqu'une société est complétement désorganisée, il n'est pas de forme de gouvernement, si habilement agencée qu'elle soit, qui puisse assurer la stabilité des institutions, la sécurité des biens et la protection des personnes. Aucun échafaudage politique, par exemple, n'eût pu rester debout en France à la fin du siècle dernier. On ne peut mieux faire comprendre l'état de ce grand pays à cette époque qu'en rappelant le mot de ce libraire français qui, à un acheteur lui demandant un exemplaire de la dernière constitution, répondit qu'il ne tenait pas les publications périodiques.

DEMOCRATICUS.

Aucun homme de bon sens ne refusera de reconnaître l'influence des habitudes, des relations, et des antécédents en politique, et ne consentira à traiter une société humaine comme une machine privée de sentiment. Je n'ambitionne pas le rôle de l'abbé Siéyès, et n'ai nulle envie de faire sortir une constitution libre de chaque tiroir de mon casier. Mais on me permettra de croire que la démocratie est la meilleure de toutes les formes ; que sous aucun autre régime une nation ne peut être bien gouvernée, et qu'un peuple libre est seul capable de jugements éclairés et de pensées indépendantes. Je désire donc favoriser, autant que je le puis, la cause de la démocratie ; où elle existe, je veux la conserver ; où elle n'est pas, l'établir.

CRITO.

Vous qui m'accusiez tout à l'heure d'une pétition de principe, c'est vous-même qui prenez la question en litige

pour une vérité démontrée. Je n'admets
point qu'il existe une forme de gouvernement qui soit la meilleure pour toutes
les sociétés, dans toutes les situations.
Comparez les arts utiles. Y a-t-il un vais-
seau, un fusil, un couteau, une bêche
qu'on puisse appeler les meilleurs indépendamment des usages auxquels on les
applique? De quel droit supposez-vous
qu'un certain régime vaut mieux qu'aucun autre pour toute communauté politique, quel que soit son état intellectuel
et moral. Il y a surtout un élément important dont les constructeurs d'États
idéalement parfaits ne s'inquiètent guère,
c'est la différence de race. Un article
de foi de ceux qui prétendent pouvoir
définir la meilleure forme de gouvernement, c'est qu'elle est à la fois la meilleure pour une race cannibale des îles
Fidji, pour une tribu de nègres, de Ca-

fres ou de Hottentots, pour une nation de l'Orient ou pour un État de l'Europe. Leurs théorèmes sont absolus comme les propositions d'Euclide, généraux comme les vérités des sciences physiques. Ceux qui prouvent par des arguments *à priori* que la démocratie est la forme par excellence, sont prêts à l'appliquer à la France, à la Russie, à la Turquie, à la Chine, aux sauvages d'Otahiti et aux nègres de Tombouctou.

MONARCHICUS.

Je suis loin de penser que la démocratie soit la meilleure forme de gouvernement, mais je crois néanmoins qu'il existe une forme par excellence. Cette forme, c'est la monarchie, et le monde actuel est si près d'être unanimement de mon avis, que les quatre-vingt-dix-neuf centièmes, au moins, des sociétés politiques indépendantes pratiquent ce régime. Les exemples des autres formes deviennent journellement plus rares. Les guerres de la France impériale en ont peu laissé en Europe ; ni l'Afrique ni l'Asie n'en ont jamais vu. Ceux qu'on trouve en Amérique, n'auront pas, espérons-le, une existence bien longue. Le Brésil, le seul État prospère et bien régi de l'Amérique du Sud, est une monarchie, et l'on ne saurait dire sérieusement que les républiques de l'Amérique du Sud aient même l'apparence d'un gouvernement régulier. La portion de l'humanité dotée d'institutions républicaines est insignifiante. Est-ce un paradoxe que de conclure que cette petite exception pourrait bien disparaître?

CRITO.

Je vous renvoie à Aristocraticus et à

Democraticus. Ils décideront avec vous si la meilleure forme est la monarchique, et si sa prétendue universalité est une réponse à mon objection. Supposons que la monarchie soit utile, nécessaire même, à un pays barbare, à une race africaine ou asiatique, est-ce à dire que le gouvernement d'un despote convienne à un peuple d'une civilisation très-avancée? Mais j'ai une autre raison à opposer à l'existence de cette forme parfaite et universelle, fille de votre imagination. Une hypothèse de ce genre me semble incompatible avec une vérité qui fait la grande distinction entre les sciences physiques et les sciences morales. Un trait caractéristique de celles-ci, c'est qu'en général, leurs phénomènes ont une cause multiple, tandis que ceux des premières ont une cause simple. Aussi le raisonnement par induction est-il plus facile, plus direct et moins faillible dans les sciences physiques que dans les sciences morales. Quand nous apercevons de la neige sur la terre, nous savons qu'elle est tombée des nuages. En voyant de la glace nous savons que la température a été au-dessous d'un certain degré. Dans les sciences morales, au contraire, rarement il arrive qu'il n'y ait qu'une seule cause possible, et, sans absurdité théorique, nous pouvons en voyant un effet, lui supposer une pluralité de causes. Nous savons qu'il y a vingt manières d'être mal gouverné ; que mille causes diverses peuvent rendre une nation malheureuse, pauvre, mécontente et anarchique. De même il est probable qu'il existe plus d'une forme de gouvernement, et que les peuples peuvent être rendus heureux, prospères, satisfaits et paisibles par des régimes différents et

par des systèmes de législation dissem-
blables.

DEMOCRATICUS.

Il y a plus d'une sorte de mauvais gouvernements, d'accord; — mais il n'y en a qu'une qui soit bonne. La vérité est une, l'erreur multiforme, selon le vers que cite Aristote dans sa morale (1).

CRITO.

Oui, la vérité est une, mais il n'y a pas, dans la pratique, qu'une chose qui soit vraie. Qu'il y ait plus de routes fausses que de bons chemins, voilà qui est indubitable, mais qui viendra nous dire qu'il n'y a qu'un seul chemin qui soit bon? Ne voyons-nous pas des voyageurs qui avaient pris des routes et des voitures différentes, arriver tous sains

(1) Ἐσθλοὶ μὲν γὰρ ἁπλῶς, παντοδαπῶς δὲ κακοί.

et saufs, et à peu près dans le même
temps, au terme de leur voyage? Que
les formes sous lesquelles se présentent
les mauvais gouvernements soient plus
nombreuses que celles que revêtent les
bons, c'est probable. — S'ensuit-il qu'il
n'y ait qu'une forme de gouvernement
qui soit bonne? L'action morbide appa-
raît dans le corps humain sous une
multitude de formes, mais qui osera
affirmer qu'une seule combinaison de
conditions physiques est compatible avec
la santé?

MONARCHICUS.

Pardon, Crito, si je fais peu de cas
des présomptions que vous avez conçues
à priori contre l'existence d'une forme
modèle de gouvernement. Vous niez
théoriquement qu'elle puisse exister, je
vous réponds en prouvant qu'elle existe.

Je me charge de démontrer que la meilleure forme de gouvernement, c'est la monarchie. Si le succès couronne mes efforts, votre argumentation, toute ingénieuse qu'elle est, se trouve sapée dans sa base.

CRITO.

Je suis tout oreille, parlez; mais prenez garde; vous fondez votre argument sur une étroite et dangereuse alternative. Si vous échouez dans la démonstration qui doit convaincre Aristocraticus et Democraticus, eux-mêmes possesseurs de panacées pour la société malade, que la meilleure forme de gouvernement, c'est la monarchie, votre preuve de l'existence possible d'une forme privilégiée quelconque fait aussitôt naufrage : vous ressemblez alors à un homme qui chercherait à convertir un athée au christia-

nisme avant de l'avoir convaincu de
l'existence de Dieu. Mais je vous empêche
de prouver votre thèse monarchique.
Commencez.

MONARCHICUS.

Je suis tellement persuadé de la bonté
de ma cause que je consens à faire dépendre de son succès le sort de la proposition générale.

Je dis donc, en premier lieu, que la
monarchie est une institution *juris
gentium*. On peut dire rigoureusement
qu'elle est commune à tous les peuples.
Il n'est point de nation qui, à une époque ou à une autre, n'ait été soumise à
ce régime. La grande majorité a toujours été monarchique, et l'est encore.
La monarchie est partout en Afrique et
en Asie ; elle est universelle en Europe,
sauf quelques républiques insignifiantes

comme Hambourg et (1) Francfort, et la petite fédération des cantons Suisses. En Amérique vous avez, il est vrai, la confédération des Etats-Unis où le gouvernement fédéral et le gouvernement de chaque Etat sont démocratiques. Mais pour le Mexique et les autres Etats de l'Amérique espagnole, quoique leurs gouvernements aient été modelés sur celui des Etats Anglo-Américains, leur condition politique est telle qu'on ne peut dire qu'ils aient un gouvernement régulier quelconque. Somme toute, à moins de compter chaque canton Suisse et chaque Etat de l'Union américaine comme une unité séparée — ce que vous n'avez pas le droit de faire, si un Etat est une communauté politique indépendante — vous ne trouverez pas, dans

____

(1) Francfort n'existe plus.

le monde entier, une demi-douzaine
d'exemples de la forme aristocratique
ou démocratique.

ARISTOCRATICUS.

J'aurai un mot à dire tout à l'heure
sur la composition de la petite liste que
vous venez de nous débiter, et sur le
sens que vous attachez au mot *monarchie*. Mais auparavant, permettez-moi
de vous demander pourquoi vous omet-
tez de parler de l'antiquité. Ne serait-ce
pas que vous voyez bien que votre
théorie de l'universalité de la monarchie s'appliquerait mal à une période
où toute la terre civilisée était républi-
caine ? Il faudrait, en effet, une certaine
hardiesse pour affirmer que le monde
ancien était monarchique à une époque
où la république était le régime de tous
les Etats grecs, de Rome et de Carthage.

MONARCHICUS.

Toutes les républiques de la Grèce ont débuté par un gouvernement royal. Les politiques et les historiens de l'antiquité s'accordent à considérer l'autorité patriarcale d'un roi héréditaire comme la forme primitive du pouvoir. Rome eut ses sept rois, et quelle que soit la valeur de leur histoire légendaire, on peut considérer l'institution d'un interrex, laquelle existait lorsque furent écrites des annales contemporaines, comme une preuve que Rome avait eu la royauté à une époque antérieure. Bientôt l'envie des citoyens fractionna le pouvoir, et l'on vit surgir de petites communautés oligarchiques et démocratiques. En Grèce, au contraire, les discordes intestines, les jalousies mutuelles et les guerres étrangères eurent bientôt

soumis un peuple incapable d'union et
rebelle à l'autorité et à la discipline
militaires, soit au royaume de Macé-
doine, soit à un de ceux que fondèrent
les généraux d'Alexandre. Rome surpas-
sait de beaucoup les Etats de la Grèce
en habileté militaire. Elle organisa ses
armées d'après un système qui lui per-
mit de mettre et de tenir sous le joug
les nations voisines. Mais elle dut en
partie ses succès à l'institution monarchique de la dictature, à laquelle sénat
et peuple avaient le bon sens de se soumettre dans les moments de crise où la
faiblesse inhérente aux institutions populaires eût été fatale à l'Etat. Tout cela,
néanmoins, ne put empêcher que son
système militaire ne finît par être incompatible avec son régime républicain.
Les accroissements successifs de territoire par la conquête formèrent à la

longue une masse si énorme que le sénat de Rome et l'assemblée de ses citoyens furent impuissants à la manier. Les grandes armées permanentes devinrent menaçantes pour la liberté, et les généraux qui les commandaient plongèrent le pays dans une succession de guerres civiles si désastreuses, que le peuple, pour se soustraire à des maux intolérables, se jeta avec joie entre les bras d'Auguste. Fatigué des conséquences des institutions populaires, conséquences inévitables dans un Etat aussi vaste, il se réfugia sous la protection tutélaire d'une monarchie. Auguste, dit Tacite, « cuncta discordiis civilibus fessa nomine principis sub imperium recepit. » Dans le cours de plusieurs centaines d'années toutes les communautés politiques de la Grèce et de l'Italie, jadis gouvernements populaires, furent an-

nexées sous le sceptre des empereurs
romains, et le gouvernement républicain
disparut de la terre. Il est vrai, à la lettre,
que pendant les douze premiers siècles
de l'ère chrétienne, l'univers entier fut
soumis au régime monarchique ; les deux
autres formes n'existaient point.

ARISTOCRATICUS.

Je ne m'arrêterai pas à examiner les
raisons pour lesquelles, selon vous, les
institutions libres n'ont pu réussir chez
les anciens. J'ai aussi ma manière d'apprécier le caractère des anciennes aristocraties, et vous aurez mon explication
avant la fin de cet entretien. Je prierai
seulement Monarchicus de me dire
s'il entend passer entièrement sous silence les républiques allemandes et italiennes du moyen âge. Voilà cependant,
il me semble, un élément qui modi-

fierait quelque peu sa proposition sur l'universalité de la monarchie.

MONARCHICUS.

Nul doute qu'après la dissolution de l'empire romain et la destruction de la civilisation antique, à la suite des invasions successives des hordes barbares, il ne se soit formé, en Allemagne et en Italie, un certain nombre de sociétés civiles ou cités basées sur des corporations commerçantes et régies par des institutions républicaines. Mais ces républiques du moyen âge étaient déchirées par des factions intestines. Chez aucune le gouvernement ne fut bon; chez aucune, sauf Venise, il ne fut stable. Aussi les voyons-nous tour à tour tomber sous le joug des signori indigènes. Ces arrière-neveux des τύραννοι de la Grèce détruisirent toutes leurs libertés et les réduisirent à la forme sous laquelle elles apparaissent dans l'histoire à la fin du siècle dernier. Quelques-unes de ces républiques résistèrent à la tendance monarchique et prolongèrent leur existence jusqu'aux guerres de la Révolution française qui étouffèrent ce qu'il restait des gouvernements républicains en Europe, tout en fondant, il est vrai, quelques républiques éphémères, affiliées au gouvernement révolutionnaire de la France. Quand Napoléon se fut rendu maître du peuple français, du plein consentement de ce peuple, dont la patience était épuisée par six années de tyrannie révolutionnaire, il consigna ces républiques à ses généraux et à ses frères pour être gouvernées comme des royaumes dépendants. Voilà comment les animosités mutuelles des républiques tournent au profit de la monarchie.

Dans les vices inhérents au régime populaire et dans sa faiblesse intrinsèque se trouve le germe de sa dissolution. On voit rarement une monarchie se changer en république, mais toute république devient fatalement une monarchie. La royauté est légataire universelle de tous les États républicains. Les uns après les autres ils reconnaissent leurs erreurs, abjurent leur hérésie, et sont reçus dans le sein de la seule vraie église politique, celle hors de laquelle il n'y a point de salut.

DEMOCRATICUS.

Je ne puis assez admirer, Monarchicus, la hardiesse de votre argumentation. Si nous n'étions tranquillement assis dans la bibliothèque de notre ami Crito, et si je ne savais que les opinions que vous exprimez sont sincèrement les vôtres, je croirais que vous mettez à profit une réminiscence de Juvénal :

*Nam quum magna malæ superest audacia causæ,
Creditur a multis fiducia.*

MONARCHICUS.

N'allez pas croire que mon arsenal d'armes au service de la monarchie soit épuisé. Si ma confiance est grande, elle est bien fondée. Mais avant d'aller plus loin, je voudrais apprendre ce que vous avez à dire contre la conclusion que j'ai le droit de tirer des témoignages à peu près universels de l'humanité en faveur du régime que je préfère. Le nombre des suffrages est, pour vous autres répu-blicains, le critérium de la vérité. Vous décidez toutes les questions pratiques par la voix de la majorité. D'où vient, qu'en cette occasion, vous vous refusez à l'épreuve? La grande majorité, que vous comptiez par individus ou par Etats, s'est prononcée pour la monarchie et contre la république. Les républicains ne sont qu'une chétive minorité de la race humaine.

ARISTOCRATICUS.

Comme vous m'avez défié en même temps que Democraticus, je relève le gant, et j'entre en lice. D'abord, je n'accepte ni l'emploi que vous faites du terme *monarchie*, ni le nombre de gouvernements auxquels vous l'appliquez. Votre énumération repose sur une erreur populaire, qui consiste à regarder tout roi comme un monarque, et tout royaume comme une monarchie. Monarchie, c'est le nom d'un pouvoir; le mot roi n'est qu'un titre. De ce que le chef d'un État s'appelle roi, en a le rang et

succède à cette dignité par héritage, de
quel droit concluez-vous qu'il possède
la puissance souveraine dans son intégrité? Est-il, pour cela, maître de l'É-
tat, despote, *dominus*, c'est-à-dire monarque, dans le sens propre de l'expression? Partout où règne un roi constitutionnel, partout où, à côté de la
couronne, siége une assemblée parlementaire élective, là, il n'y a ni souverain, ni monarchie.

MONARCHICUS.

Comment alors désignez-vous un gouvernement comme celui de l'Angleterre,
ayant pour chef un roi ou une reine héréditaire? Il faut bien le nommer, et
tout le monde s'accorde pour l'appeler
monarchie.

2.

ARISTOCRATICUS.

Vous allez me trouver bien audacieux, je le crains, mais pour moi c'est une république. Ce n'est pas une république démocratique, sans doute, mais c'est une république néanmoins. J'appelle république tout gouvernement où la puissance souveraine est répartie, en forme et en substance, entre les divers membres d'une corporation. Partout où le pouvoir, en forme et en réalité, ou en réalité seulement, quelle que soit la forme, est exercé par une seule personne, là je vois un gouvernement monarchique.

MONARCHICUS.

Mais tous les écrivains ne sont-ils pas unanimes pour donner au gouvernement de la Grande-Bretagne et à tous ceux qui, comme lui, se composent d'un roi et d'un parlement, la dénomination de « Monarchie limitée? »

ARISTOCRATICUS.

L'usage me condamne, je le sais; mais quand l'usage a tort et conduit à une classification fausse, il y a lieu de le réformer. Les anciens ont discouru sur les sept planètes, parce qu'ils concevaient le soleil et la lune comme tournant, avec les cinq étoiles mobiles, autour de la terre immuable. Depuis Copernic nous avons conservé le terme planète; mais nous l'appliquons aux seuls globes errants et non plus au soleil, centre fixe de notre système, ni à la lune, satellite de la terre. Cependant l'expression monarchie limitée me semble susceptible d'une explication rationnelle, et je suis prêt à l'admettre, pourvu que la véritable signification en soit reconnue. Dans un pays où, par le développement historique, par les empiétements sur la couronne, et par l'accroissement graduel des fonctions du parlement, une race de rois, qui jadis avait le monopole de la souveraineté, a cessé de donner des monarques dans le sens rigoureux du mot, on peut appeler le gouvernement une « monarchie limitée, » c'est-à-dire une monarchie qui ayant été sans bornes autrefois, a, depuis, changé de caractère, pour prendre les attributs d'une république.

L'expression *still life (vie inanimée)*, dont nous nous servons en peinture pour désigner ce que les Français ont mieux nommé *nature morte*, est l'analogue de *monarchie limitée*. Les animaux que le tableau représente ont été vivants, mais ne le sont plus. Dans les États de la

Grèce, le roi, dépouillé peu à peu de sa puissance, ne conserva plus qu'une seule de ses prérogatives, celle de faire certains sacrifices publics. Il ne fut plus, dans le fait, qu'un dignitaire sacerdotal. Le même changement eut lieu à Rome, où le roi ne survécut que dans le sacrificateur. La puissance royale fut tellement effacée dans ces États, que le nom de monarchies *limitées* ne saurait leur convenir; l'élément monarchique ne fut pas limité, il fut détruit. A Sparte, le pouvoir des rois était borné; ils l'exerçaient conjointement avec les magistrats électifs et l'assemblée générale des citoyens. Sparte, sous une seule race de rois, eût sans doute été appelée une monarchie limitée, mais l'existence de deux lignes royales parallèles rendant cette appellation inapplicable, fit prévaloir celle de république. Néanmoins, en traitant des gouvernements mixtes, Aristote et Polybe font entrer l'élément monarchique dans la constitution de Lacédémone, à cause de l'existence de ses rois.

MONARCHICUS.

Si le roi constitutionnel n'a pas le pouvoir illimité du potentat oriental, il partage beaucoup d'attributs avec le monarque absolu. Le chef d'une république, comme le doge de Venise ou le président des États-Unis, est sujet aux lois, mais un roi constitutionnel est comme un empereur romain, *solutus legibus ;* au lieu d'être sous la loi il est au-dessus d'elle. D'après les statuts d'Angleterre, le roi n'est pas légalement responsable, il « ne peut mal faire, » c'est-à-dire qu'il ne peut violer la loi civile ou criminelle ; s'il commettait un acte qui dans un su-

jet serait une infraction à la loi pénale,
on ne saurait le juger, car il ne pourrait
être traduit devant une de ses propres
cours. De même, il est incapable d'être
défendeur dans une action civile.

ARISTOCRATICUS.

Tout cela est vrai, mais ne répond
pas à mon argument. A une seule exception près, les règles que vous rapportez
ont plus d'intérêt pour l'antiquaire politique que de valeur pratique pour
l'homme d'État. Ce sont les reliques
d'une époque où les rois anglais étaient,
ou prétendaient être, des monarques
dans le sens rigoureux du mot. Le roi
d'Angleterre est exempt, il est vrai, de
la juridiction de toute cour criminelle,
mais ce privilége n'influence en aucune
manière sa conduite. Les ambassadeurs
et les ministres étrangers, résidant près

de notre cour, sont affranchis de la même juridiction ; mais quoiqu'ils soient justiciables de leurs propres tribunaux pour un crime qu'ils commettraient chez nous, personne ne suppose que ce soit cette responsabilité qui les empêche de devenir criminels. Il est vrai que le roi d'Angleterre ne peut être poursuivi civilement ; mais ce qui est impossible directement se fait d'une manière indirecte. Le plaignant demande, par une pétition à la couronne, que justice lui soit faite. Cette supplique, qu'on nomme Pétition de Droit, il est d'usage de la traiter légalement. Elle est renvoyée à l'avocat-général, et, si la requête est fondée, permission de *faire justice* est accordée. Ce résultat va de soi, et fait rentrer la question dans la législation usuelle. La seule partie effective de la règle que *le roi ne peut mal faire*, est

celle qui lui ôte toute responsabilité politique ; c'est là, nos ancêtres l'ont senti,
le corollaire nécessaire de la responsabilité ministérielle. Dans un gouvernement libre, la responsabilité est insépa-
rable du pouvoir. Le roi est-il responsable, ses ministres ne peuvent l'être.
Ce sont alors ses agents ; lui commande,
eux obéissent, et sa responsabilité les
couvre. Il est impossible que les ministres soient pratiquement responsables,
si le roi l'est politiquement. C'est pourquoi, loin de considérer la maxime *le
roi ne peut mal faire*, prise dans son ac-
ception politique, comme la devise d'un
gouvernement absolu, j'y trouve la clef
de voûte du système constitutionnel et
parlementaire.

MONARCHICUS.

Il est un autre point sur lequel tous

3

les rois, absolus ou non, sont unanimes.
Ils se considèrent comme formant une
caste à part, et quand ils veulent se ma-
rier, c'est dans cette caste seule qu'ils
cherchent leurs alliances. Ils ont des
formes de langage et un certain cérémo-
nial qui leur sont communs, quel que
soit le degré de leur puissance. Le roi
d'Angleterre et celui de Belgique, qui
sont associés à un parlement, sont re-
gardés comme les pairs, en rang et en
dignité, de ceux qui gouvernent sans
assemblées législatives; leurs fils et leurs
filles ont le titre de princes et de prin-
cesses, et se marient exclusivement dans
leur ordre.

ARISTOCRATICUS.

La coutume dont vous parlez vient à
l'appui de mes remarques sur le caractère de ces prétendues monarchies. *Roi*

est un titre désignant un rang social ;
ce rang entraîne une puissance légale
avec toutes les conséquences de cette
supériorité, mais il n'indique pas une
quantité définie de puissance. Il est évi-
dent que le chef d'un État peut avoir
l'intégrité ou seulement une partie du
pouvoir souverain ; et de là résulte une
différence dans la forme du gouvernement. Mais si ce chef porte le titre de
roi par droit de succession, il peut, pour
le rang social, être traité en égal par
d'autres rois héréditaires qui ont la plé-
nitude de cette puissance suprême dont
il ne possède qu'une partie.

Il n'est point d'idée qui soit plus fa-
milière que celle de la disproportion entre le titre et la puissance. Nous ren-
controns à chaque instant dans nos
voyages des fonctionnaires décorés du
même titre, quoique armés de pouvoirs

différents; les confondre serait une erreur aussi grande que de prendre l'agent
commercial que nous appelons consul
pour l'égal du consul de l'ancienne
Rome. Les cas extrêmes fourniraient
des exemples plus ridicules encore. On
se souvient de cet Anglais traversant
l'Allemagne, sous l'ancien régime, avec
un passe-port qui le qualifiait « d'électeur de Westminster. » Il donnait à
entendre par là que Westminster étant
plus grand que Cologne ou Trèves, un
électeur de Westminster devait être un
plus grand personnage qu'un électeur
de Trèves ou de Cologne.

MONARCHICUS.

Malgré vos distinctions, je maintiens
ma nomenclature, qui réunit dans la
même classe la monarchie absolue et

la monarchie constitutionnelle, et les
oppose toutes deux aux républiques. Democraticus, j'en suis sûr, me soutiendra ;
car tous les républicains proscrivent tous
les rois sans distinction, constitutionnels ou non. Le jacobin français, qui
exprimait le désir de « voir étrangler le
dernier roi avec le boyau du dernier
prêtre, » formulait l'opinion des républicains de son temps. J'accepte, pour
la décision de notre controverse, le langage et la conduite des républicains.
Leur langage seul, il est vrai, aurait
pour moi peu d'importance, si leurs
convictions et leurs sentiments n'étaient
à l'unisson de leurs paroles. Ils ont autant d'aversion pour un roi constitutionnel que de haine pour un roi absolu.
Les Américains, en face d'une coalition
des têtes couronnées de l'Europe, voient
l'Angleterre, la Belgique et l'Italie, du

même œil que la France et l'Autriche.
Je ne demande rien que les républicains ne m'accordent. S'avisent-ils de
classer les monarchies constitutionnelles
parmi les républiques, eux qui n'admettent aucune affinité entre ces deux
formes de gouvernement? De leur aveu,
je suis autorisé à ne point distinguer une
monarchie pure d'une monarchie limitée. Il n'y a donc dans le monde entier que deux républiques, les États-Unis
et la Suisse, outre Hambourg et peut-
être quelque autre ville libre en Europe, qui a conservé, par accident, une
indépendance nominale. Nous voici plus
près d'un *consensus* de l'humanité que
dans aucune autre question de gouvernement, de religion ou de morale. Les
arts utiles eux-mêmes n'offrent point
un exemple d'unanimité semblable, et
c'est là, je le répète, un argument

en faveur de l'excellence de la monarchie.

ARISTOCRATICUS.

Je répudie les conséquences d'une phra-
séologie usuelle, mais erronée. Tout ce
que peut faire votre argumentation, c'est
de m'obliger à me renfermer étroitement
dans la signification vulgaire des mots.
La nomenclature la plus commode est,
à mon sens, celle qui divise les gouvernements en monarchies et en républiques
— la monarchie étant le régime de la souveraineté sans partage, la république
celui de la souveraineté partagée. S'il y a
peu de parts, c'est une république aristocratique; s'il y en a beaucoup, c'est
une république démocratique. Cette
classification, la plus convenable et la
plus correcte, est aussi du plus facile
emploi dans la discussion politique. Mais

si vous la sacrifiez à l'usage populaire,
alors je vous propose d'établir deux
classes de monarchies : la première com-
prendrait les monarchies pures, absolues
ou illimitées, c'est-à-dire les monarchies
propres ; la seconde, les monarchies
mixtes, limitées ou constitutionnelles,
ou les monarchies impropres. Ces dernières sont des gouvernements royaux où
le roi n'est pas souverain. D'après cette
classification, une république serait un
État dans lequel le pouvoir suprême serait réparti entre plusieurs, avec cette
restriction, que le chef n'aurait ni le
rang ni le titre de roi, et ne tiendrait
pas ses fonctions de l'hérédité. Cependant ce n'est là qu'une division verbale,
acceptée par égard pour un usage arbi-
traire. Les monarchies de la seconde
catégorie sont pour moi des républiques, et c'est ainsi qu'on devrait les

classer pour en discourir. La concession
que je vous fais est donc purement nominale. Je nie que tous les États que
vous nommez monarchiques soient des
monarchies proprement dites, et j'affirme que d'autres pays que les États-
Unis et la Suisse sont, en substance, républicains. Je considère comme l'essence
du gouvernement républicain, qu'il y
ait distribution de la souveraineté, et
c'est ce qui arrive dans une monarchie
limitée.

MONARCHICUS.

Même en admettant que vous raison-
nez juste, et que vos monarchies de la
seconde espèce doivent être rangées parmi les républiques, mon argument ne
perdrait que bien peu de sa force. Le
nombre des monarchies limitées est in-
signifiant. Peu d'États ont vu fonction-

ner d'une manière satisfaisante le système d'un roi héréditaire sous le contrôle effectif d'un parlement libre. Même en modifiant notre compte des deux côtés, de manière à vous créditer de toutes les monarchies limitées, il se solderait encore par une forte balance en ma faveur. Il resterait toujours ce fait incontestable que, dans tous les temps, la majorité des hommes s'est décidément prononcée en faveur de la royauté.

ARISTOCRATICUS.

La souveraineté de plusieurs au lieu de la souveraineté d'un seul, voilà le principe pour lequel je lutte, et que je regarde comme fondamental. C'est pour moi la première condition et la seule garantie d'un bon gouvernement. La monarchie pure, qui concentre le pouvoir en une seule main, me semble grossièrement rudimentaire. Aussi les politiques de l'antiquité l'ont-ils considérée comme la forme primordiale. A l'origine des sociétés humaines, disent-ils, les peuples, sortant de la barbarie, furent gouvernés monarchiquement par un chef. La monarchie, sous la forme du pouvoir absolu d'un chef militaire, a toujours été, comme elle l'est encore, commune à toutes les tribus sauvages, nègres, insulaires du Pacifique, peaux-rouges. Cette partie de l'humanité est tellement barbare qu'elle n'a ni prêtres, ni hommes de loi, ni médecins. Le médecin-magicien de la tribu est un personnage que son prestige et ses priviléges rendent formidable, mais les puissances occultes qu'il invoque sont plutôt magiques que religieuses. L'écriture, la tradition historique, même la poésie traditionnelle leur manquent. Les nègres d'Afrique ne se sont pas encore élevés jusqu'à l'idée d'une demeure divisée en plusieurs chambres. Pour avoir une seconde pièce, ils construisent une seconde cabane. Bref, tel est l'état social et intellectuel des aborigènes de l'Afrique, qu'il est impossible d'en tirer un argument quelconque pour recommander la monarchie à une nation civilisée.

J'avoue aussi que, depuis les premiers temps historiques, les États de l'Orient, à quelques insignifiantes exceptions près, ont été soumis au régime monarchique. Les Tyriens eux-mêmes, quoiqu'ils eussent, comme peuple commerçant, une classe de marchands patriciens, furent gouvernés par des souverains absolus. Leur colonie, Carthage, dont la constitution aristocratique fut trouvée digne d'une description détaillée dans la « Politique » d'Aristote, se modela non sur

la mère patrie, mais sur les communautés grecques voisines établies en Si-
cile. La monarchie orientale, il faut en
convenir, est une machine savante et
subtile comparée à celle des races noires
de l'Afrique. Elle repose sur les satrapies,
et parvient, en déléguant le pouvoir à des
mandataires, à gouverner de grands em-
pires. Mais les satrapes visent toujours
et arrivent souvent à l'indépendance,
ce qui fait que ce système de gouvernement provincial est rarement de longue
durée. Néanmoins, aussi longtemps
qu'un empire de l'Orient conserve sa
force de cohésion, et les gouverneurs
provinciaux leur allégeance, tant que
ceux-ci payent au trésor et à l'armée
leur tribut en argent et en hommes, ce
système fonctionne assez bien, et suppose un savoir et une habileté qui dé-
passent de beaucoup l'intelligence du

nègre. Jamais empire tel que la Perse ou l'Assyrie dans l'antiquité, ou comme celui des Chinois, du grand Mogol et du Sultan, de nos jours, ne s'est vu, ni probablement ne se verra, dans la péninsule africaine. Par contre, les Orientaux sont aussi inférieurs aux Européens que supérieurs aux indigènes de l'Afrique. En science, en littérature ils n'ont rien, sauf les « Mille et une nuits. » Voilà, avec l'écriture alphabétique et les chiffres arabes, tout ce que nous devons au génie de l'Orient. Leur vie domestique et sociale a pour base la polygamie ; et, au delà du point qui marque l'avance de leur civilisation rudimentaire sur l'état sauvage, ils n'ont pas fait faire à l'humanité un seul pas vers le perfectionnement. Leur condition est restée la même depuis Darius et Xerxès, et il ne semble pas que, dans l'avenir, elle doive devenir meilleure. Une des parties constituantes de cette barbarie héréditaire, c'est, à mon avis, le despotisme monarchique. Là le système politique est organisé comme chez nous l'armée et la marine. Le souverain délègue son pouvoir à une hiérarchie de subalternes; un collègue ou un corps ne se trouve à aucun degré de l'échelle. La simplicité primitive de ce mécanisme peut avoir certains avantages, appliquée à une nation orientale dont les mœurs et l'intelligence sont d'un type peu élevé; mais de ce que cette forme est presque universelle en Asie, est-ce une raison pour la donner aux nations intelligentes et civilisées de l'Europe?

MONARCHICUS.

Vous reconnaîtrez, j'en suis sûr, que si les nations de l'Afrique et de l'Asie doivent être gouvernées, il faut qu'elles le soient monarchiquement, tant que leur nature, ou, du moins, leur état actuel de moralité et d'intelligence n'aura pas changé. Les raffinements du gouvernement républicain sont trop subtiles pour leur esprit et trop délicats pour leur usage. Mais je soutiens que la simplicité, toute grossière qu'elle vous semble, de la monarchie, la rend aussi avantageuse à l'Europe qu'indispensable à l'Afrique et à l'Asie. Celles-ci n'ont pas de choix, elles sont forcément monarchiques; celle-là devrait l'être volontairement, parce que, si elle a une alternative, cette alternative est mauvaise. Lorsqu'une machine devient gênante à force d'être compliquée, même ceux qui la comprennent et sont capables de s'en servir, font bien de s'en débarrasser.

ARISTOCRATICUS.

C'est précisément ce que je nie. Je maintiens que le gouvernement pluriel ou républicain, inventé et substitué à la monarchie par les Grecs, non-seulement prouve l'intelligence de ce peuple, mais a puissamment contribué à ses progrès dans la civilisation. Ce qui avait été un effet devint une cause de sa supériorité sur les nations asiatiques, sur toutes celles qu'il appelait *barbares*. Ce sont les Grecs qui, les premiers, ont eu l'idée de répartir le pouvoir souverain entre des associés égaux dont l'assentiment collectif, non pas nécessairement unanime, mais représenté par une majorité, était nécessaire à tout acte de l'autorité suprême. Si Huyghens a inventé l'horloge à balancier et Watt la machine à vapeur, les Grecs sont, au même titre, les inven-

teurs du gouvernement d'une corporation. Jusqu'au moment où ils l'implantèrent, le monde n'avait connu que la
monarchie. Le principe qui en est l'essence est aussi celui de la liberté : sans
partage de la puissance souveraine, point
de gouvernement libre. Voilà ce que les
Grecs comprirent de bonne heure, et
ils ne tardèrent pas à appliquer leur
découverte aux institutions de leurs
petites communautés civiles. L'ancienne royauté héréditaire fut abolie,
ou changée en un sacerdoce. Quicon-
que parvenait, par la cajolerie ou l'intimidation, à se faire tyran ou despote,
était regardé comme usurpateur, et ne
s'appuyait dès lors que sur la force. Les
Grecs détestaient l'autorité d'un seul
comme illégitime, mais il firent un usage
peu habile du principe du gouvernement
mixte. Ou bien ils répartirent la puis-

sance totale entre un petit nombre
d'hommes distingués par la richesse ou
la naissance, ou bien ils l'éparpillèrent
dans la classe tout entière des citoyens
libres, formant ainsi, ou une oligarchie
ou une démocratie. Ils ne connaissaient,
pour déléguer le pouvoir souverain, aucune combinaison qui ressemblât à la
représentation politique des temps modernes. Dans une oligarchie, les chefs
étaient indépendants de l'élection populaire; dans une démocratie, le peuple en
masse exerçait ses droits directement
sans se faire représenter par des mandataires. Ces applications malhabiles
d'un principe précieux ont eu deux pernicieuses conséquences dans les républiques antiques, dont l'une affectait
leur condition interne et l'autre leurs
relations extérieures. Au dedans, les
chefs d'une oligarchie étaient trop indé-

pendants du peuple; ceux d'une démocratie, excités aux décisions passionnées
par l'éloquence des démagogues, étaient
trop nombreux pour que le gouvernement fût sage. Au dehors, l'une et l'autre étaient impuissantes à incorporer
dans leur système gouvernemental, sur
le pied de l'égalité, les territoires acquis
par la conquête. Une province nouvellement subjuguée devenait une dépendance sous l'autorité des chefs de l'État
souverain. Néanmoins, et malgré leurs
défauts, c'est aux gouvernements libres
de la Grèce et de l'Italie qu'est dû tout
ce que l'antiquité a produit de grand,
dans la littérature, dans les arts, dans
les sciences et dans l'histoire. Ils ont
posé les fondements de la civilisation
moderne de Europe. Ils étaient une des
conditions nécessaires à un état de société et d'éducation qui ne pouvait sur-

gir dans le système monarchique oriental, la plus parfaite des formes de gouvernement contemporaines des Grecs.

MONARCHICUS.

Je ne puis écouter plus longtemps
votre panégyrique du gouvernement
complexe, sans protester contre le principe qui lui sert de base. Oligarchique
ou démocratique, il repose sur la décision à la pluralité des voix. Or, le jugement par la majorité est, sans contredit,
de toutes les manières d'arriver à la
vérité, la moins satisfaisante et la plus
maladroite. Vous qui parlez de la gros-
sièreté du système monarchique, je
vous défie d'y rien signaler d'aussi pi-
toyable que le procédé de compter les
votes au lieu de les peser. Comment!
vous faites dépendre la sentence du nom-

bre des juges sans tenir compte de leur savoir, de leur expérience, de leur habileté, de leur compétence ! Quel est l'homme qui, pour former son opinion individuelle, s'est jamais servi d'un critérium semblable ? Jamais historien, appréciant le vote d'une assemblée délibérante, ne s'est avisé de dire : cette décision est due à la majorité et, partant, elle est sage.

ARISTOCRATICUS.

La théorie de la prépondérance de la majorité n'est pas parfaite, je le sais, mais la pratique en est bonne. Les bienfaits du gouvernement mixte sont à ce prix. Bien plus, son existence en dépend, et il n'y a d'alternative que l'absolutisme. Or, la monarchie absolue a deux vices capitaux, et, comme système général, constitutionnels, dont le gouvernement pluriel est exempt. Le premier, c'est que la puissance tout entière reposant sur une seule tête, cette tête acquiert une importance suprême. Le premier meurtrier venu peut rendre vacant le trône, et le premier prétendant heureux s'y asseoir. Les tentatives faites, avec ou sans succès, contre la vie des rois absolus sont si nombreuses que l'histoire en est pleine. De là ce caractère timide et soupçonneux qui les porte à s'entourer de précautions jalouses. Cicéron, dans ses *Tusculanes*, fait une longue et curieuse description des mesures de sûreté que prenait Denys de Syracuse, même contre ses amis, sa femme et ses filles. Dès que parut l'écrit : « N'est pas assassin qui tue, » Cromwell, nous le savons, endossa une cuirasse. Or, la peur est la mère de la cruauté, et c'est la méfiance qui poursuit tout ce qui est voi-

sin du trône, qui a dicté aux princes asiatiques tant d'édits sanguinaires contre
leurs successeurs et les agnats de leur
maison, et qui a jonché de cadavres tous
les palais de l'Orient.

MONARCHICUS.

Le bien n'est jamais sans mélange dans
les affaires humaines. La promptitude,
la constance, la fermeté, avantages in-
contestables du gouvernement d'un seul,
ne s'obtiennent qu'au prix de quelques sacrifices. Quant à l'accusation de
cruauté que vous portez contre les princes absolus, je vous rappellerai que ce
vice n'est pas propre à l'autocratie. Plusieurs oligarchies grecques en furent
entachées, et dans plus d'une d'elles,
comme le rapporte Aristote, on jurait
« de haïr le peuple et, autant que possible, de lui nuire. » Les Lacédémoniens

égorgeaient leurs ilotes, et les massacres des démocraties anciennes sont flagrants et notoires. Les républiques italiennes du moyen âge renouvelèrent ces barbaries, et la Révolution française de 1789 prouve que, même de nos jours, la démocratie n'a rien perdu de son caractère sanguinaire.

ARISTOCRATICUS.

A Dieu ne plaise que j'atténue les atrocités qui ont souillé les gouvernements patriciens et populaires! Mais je me fais fort de démontrer, en abordant mon second point, qu'un autocrate est plus exposé à être cruel qu'une corporation souveraine d'aristocrates ou de plébéiens. Le second vice capital d'une monarchie, à mon sens, c'est que le pouvoir suprême est sous l'influence des sentiments, des passions et des intérêts d'un seul homme, tandis que, dans une souveraineté multiple, ce sont des sentiments, des passions et des intérêts collectifs qui en déterminent l'exercice. En excluant l'individuel, ce que plusieurs ne peuvent partager, vous excluez les mobiles les plus pernicieux et les plus hostiles à la société ; ce qu'il y a de plus dangereux dans le caractère et dans la qualité d'un gouvernant. Ainsi, pour commencer par la considération qui nous occupait naguère, un groupe est moins exposé qu'un individu au poignard d'un assassin. Le carnage sur une grande échelle est d'exécution peu facile. L'insensé Caligula lui-même souhaitait au peuple romain une seule tête. La conspiration des poudres fut le fait de quelques cerveaux brûlés ; et d'ailleurs elle n'arriva point à maturité. La sécurité dont jouissent les membres d'une corporation souveraine affranchit leur politique des conséquences de la peur. Ils échappent donc aux influences de la cause qui, dans les autocrates, a pour effet la cruauté. On en peut dire autant des autres passions actives, la colère, la luxure, l'envie et la soif de la vengeance; essentiellement personnelles, elles ne se partagent pas. C'est un article de foi chez les historiens populaires, que les rois ont une nature particulièrement mauvaise, qu'ils l'emportent sur leurs inférieurs par la méchanceté autant qu'ils les surpassent par la dignité de leur rang, et que cette dépravation est le résultat d'une éducation défectueuse et des influences corruptrices de leur position. Mais je me garderai bien de cette vulgaire exagération qui ne ferait qu'affaiblir et compromettre une bonne cause. Je ne tirerai aucun parti des préjugés populaires. Je n'irai pas ramasser des arguments contre la monarchie dans le cloaque de la littérature jacobine. Je n'emprunterai pas le plus mince argument à l'érudition de l'auteur des « *Crimes des Rois.* » J'admets que les monarques, comme classe, n'ont pas été, par nature, pires que les autres hommes. Le rang suprême a ses bons effets comme ses mauvaises influences. Il se peut qu'il affaiblisse chez un jeune prince le goût de l'étude, paralyse son énergie et le rende incapable d'un travail assidu ; il se peut qu'il l'expose à tout âge aux tentations sociales, et lui mettant l'orgueil et un froid mépris dans le cœur, y étouffe toute sympathie et le retranche vivant de la communauté des hommes. Par contre, ce même rang lui fournit l'occasion de cultiver les sentiments nobles et généreux dont le germe se trouve dans sa nature. Il donne à ses manières la politesse et l'élégance, et le mettant en contact avec tant de personnes diverses, l'initie, au moins dans nos Etats modernes, à leurs intérêts et à leurs désirs. Si sa nature n'est pas complétement endurcie, s'il n'est pas entièrement dépourvu de sens moral, la dignité suprême exalte en lui le sentiment de la responsabilité et lui inspire le souci de l'opinion publique dont le simple particulier n'a pas le sentiment. Je ne prétends donc pas que les monarques, en tant que classe, soient mauvais de leur nature, mais j'affirme que le pouvoir sans contrôle est une épreuve trop forte pour un mortel ordinaire ; et je crois qu'un membre quelconque d'une assemblée législative, jouissant, comme particulier, d'une bonne réputation, succomberait aux tentations de l'autorité irresponsable et tiendrait la conduite qu'aurait tenue un monarque.

4.

Or, les défauts que j'ai énumérés ne sont pas accidentels, mais essentiels ; ils sont inhérents à la monarchie et l'accompagnent dans toutes les variétés de son développement, chez les peuples barbares et civilisés, en Afrique, en Asie et en Europe. Ce sont les infirmités du gouvernement d'un seul ; le remède, qui est la division, se trouve dans la forme plurielle ou le gouvernement collectif.

MONARCHICUS.

L'unité du pouvoir a ses désavantages sans doute, mais c'est elle, néanmoins, qui fait l'excellence de la monarchie. Un monarque peut être sot ou malintentionné ; mais s'il a la vertu ou la sagesse en partage, il est libre de pratiquer les dons qu'il possède, avec ou sans l'assentiment de la majorité ; mais dans une assemblée législative c'est la minorité que forment les bons et les sages, et la nécessité de la sanction du nombre paralyse leurs mouvements. Il peut arriver qu'une monarchie ne soit pas sagement gouvernée, mais il n'est pas possible qu'une république le soit.

ARISTOCRATICUS.

J'ai besoin, pour bien répondre à votre argumentation, de comparer les gouvernements libres de l'antiquité avec ceux de notre temps.

Les Grecs inventèrent le régime complexe et lui donnèrent pour base la décision à la pluralité des voix. Le pouvoir appartenant à un petit nombre, c'était la majorité d'une minorité qui gouvernait. La majorité absolue se composait d'esclaves. Or, il est une remarque importante à faire, c'est que les Grecs, loin

de créer l'esclavage, implantèrent la liberté dans le monde. En Perse et en
Égypte, la communauté tout entière n'a-
vait d'autre condition que l'esclavage.
Tout homme à chaque instant pouvait
se voir assujetti à un travail forcé. Mais,
dans une république grecque, il y avait
toujours une classe privilégiée de citoyens exempts de la corvée et eux-
mêmes propriétaires d'esclaves. Cette
classe se constituait en compagnie gou-
vernante, c'est-à-dire en gouvernement
républicain, et cette corporation gouvernementale, aristocratique ou démocratique, excluait la classe servile, la
plus nombreuse de la communauté. Dans
un État de l'Europe moderne le peuple
entier est libre; et là où le gouvernement est parlementaire, le corps électoral, comprenant une partie considérable
de la population, nomme des représen-

tants qui exercent, en grande partie, le
pouvoir souverain. Ces mandataires doivent avoir assez de savoir et d'intelligence pour soutenir en public le rôle de
candidats et pour subir l'épreuve d'une
élection populaire. Ils sont nommés par
les suffrages d'un corps constituant, et il
est présumable qu'ils ont pour les fonctions législatives une aptitude plus
grande qu'un même nombre de personnes prises au hasard dans le public pour
former le corps législatif d'une république ancienne. Parmi les membres d'un
parlement, beaucoup se vouent au mé-
tier de faire des lois et y acquièrent une
habileté professionnelle. La chambre se
scinde en groupes qui se rangent sous
différents chefs que leur capacité désigne,
et dont les conseils servent de guide à
leurs partisans. Il est aussi d'autres
moyens, tels que les commissions spé-

ciales, de tempérer la brutale décision du nombre par la compétence du spécialiste et la science de l'expert.

MONARCHICUS.

Un parlement moderne est, sans contredit, un meilleur instrument gouvernemental qu'une assemblée des citoyens d'Athènes ou de Florence, délibérant en plein vent sous le souffle de l'éloquence incendiaire d'un démagogue de profession. Mais, même dans votre système perfectionné, une assemblée législative est divisée en partis politiques, et le gouvernement, subordonné à leurs rivalités et à leurs jalousies, dépend de leur force comparative. De cette manière la lutte des passions fait osciller le pouvoir que la main d'un roi tiendrait en équilibre dans une atmosphère sereine, au-dessus de la région des tempêtes.

ARISTOCRATICUS.

L'existence des partis dans un État
peut être un grand mal quand leur animosité mutuelle suscite des conflits vio-
lents, et les empêche d'agir de concert
pour pratiquer utilement un système politique. Lorsque l'esprit qui les anime
est aussi envenimé qu'il l'était chez les
adhérents des chefs rivaux à Rome sous
la décadence de la république, chez les
Guelfes et les Gibelins en Italie au moyen
âge, ou chez les royalistes et les Jacobins
de la révolution française, cet état deve-
nant incompatible avec le gouvernement
populaire, il pourrait arriver que le despotisme d'un dictateur fût la meilleure
des mauvaises alternatives. Telle fut, selon la description de Lucain, la situation
du peuple romain pendant les guerres
civiles :

« Non erat is populus, quem pax tranquilla juvaret,
Quem sua libertas immotis pasceret armis. »

Mais telle n'est pas la condition nécessaire ou habituelle d'une communauté
libre bien organisée. Là les partis politiques ne se sont pas voué une haine
mortelle. L'opinion et l'intérêt seuls les
divisent, et ils consentent à vider leurs
querelles dans le champ-clos de la constitution. Tel parti est attaché aux institutions existantes ou dévoué au gouvernement ; tel autre est en faveur d'une
innovation plus ou moins considérable.
Ces partis sont salutaires et leur existence est un bien ; elle empêche la tor-
peur, provoque la discussion et stimule
le progrès politique. Ce progrès a même
pour cause principale la présence dans
l'État de partis assez puissants pour
faire respecter l'opinion et les intérêts
d'une minorité. L'unanimité en politique

est, en général, un mal ; dans un État un
peu de discorde est salutaire. Il est impossible que toutes les opinions reçues
soient de bon aloi, que toutes les lois
soient utiles et sages. D'autre part, si
tous n'acceptent pas les doctrines et les
institutions établies, on peut tolérer les
dissidents, et, s'ils ont tort, leur pardon-
ner. Même en matière de religion, l'u-
nité, au point de vue civil, est un désavantage. La multiplicité des sectes est
une garantie de la liberté religieuse et
une barrière contre la persécution.
Quelle bénédiction pour l'Espagne et
l'Italie, sous le rapport intellectuel et
politique, s'il pouvait y surgir en ce moment des sectes religieuses assez fortes
pour s'opposer à l'omnipotence de l'É-
glise dominante. S'ils avaient compris le
devoir et l'intérêt d'un chef civil, Charles V, Philippe II et Louis XIV, au lieu

d'étouffer l'hérésie par la force, auraient, comme Cadmus, lancé une pierre au milieu des combattants.

MONARCHICUS.

Nous habitons un pays où les idées constitutionnelles sont depuis longtemps en vigueur, où l'on respecte les droits de la minorité, et dans lequel les majorités, habituées à la modération, ne font pas un usage extrême de leur prépondérance. Libre à nous autres Anglais de glorifier les partis politiques et d'en prôner les avantages. Mais demandez à un Français s'il ne redoute pas les excès des factions sous un gouvernement libre, et s'il espère voir son pays recueillir jamais aucun de ces prétendus bienfaits de la discorde politique. Tout détracteur de la monarchie que vous êtes, vous m'accor-

derez que, pour un État quelconque, c'est
jouir d'une précieuse immunité que d'ê-
tre préservé des luttes factieuses.

ARISTOCRATICUS.

Je ne puis admettre que les monarchies soient tout à fait sans partis politiques. Loin de là, elles en ont d'ordinaire; mais le monarque s'efforce d'en
écraser les chefs patriciens, parce qu'eux
seuls ont la force et le courage de s'opposer à ses actes. Son but est de réduire
au même niveau de nullité la communauté tout entière. Il vise à réaliser l'i-
mage des pavots de Tarquin; il veut
abattre les plus hautes têtes. Louis XIV,
le grand organisateur du despostisme
continental, appliqua ce principe avec
pertinacité. Il employa avec succès plusieurs combinaisons savantes pour affaiblir et abaisser les chefs de la vieille

noblesse. Il était surtout jaloux d'amoindrir l'aristocratie et d'abattre les représentants des anciennes familles. Avant lui Charles-Quint avait donné l'exemple de cette politique, qu'il appliqua si bien à l'aristocratie espagnole, qu'elle ne s'est jamais relevée de la paralysie dont le règne de Charles et celui de Philippe l'avaient frappée (1). Au moment même où nous parlons, un noble russe, quelles que soient ses possessions territoriales, doit sa position dans l'empire exclusivement à son rang militaire, don personnel de l'empereur son maître. La noblesse héréditaire, bien qu'elle soit le point de mire de l'aveugle hostilité des champions de la démocratie, a fleuri surtout dans les États libres, et s'étiole et meurt à l'ombre de la monarchie

____

(1) Voy. Lemontey, *Monarchie de Louis XIV*, Œuvres, tom. V, p. 37 (éd. 1829).

pure. Un État oriental n'a pas de grandes familles où les titres et les honneurs se transmettent par succession. Dès qu'un homme sort de la foule, il devient la victime du pillage et de la proscription, à moins qu'enté sur le système, il ne devienne, comme satrape, une branche du gouvernement (1). Même sous le régime anglais, dans les Indes, la jalousie d'une classe étrangère dominante empêcherait qu'il ne se formât, parmi les indigènes, de puissantes familles héréditaires. Ce fut au sein des républiques de la Grèce que des dynasties patriciennes

(1) La maison Othomane a toujours eu cette fine politique, de ne permettre pas qu'une famille s'agrandisse et se rende puissante de père en fils ; elle l'abat dès qu'elle s'est élevée, et lui ôte de bonne heure les moyens de former des partis pour troubler l'État. De là vient que, hors la maison royale des Othomans, on ne sait en Turquie ce que c'est que noblesse et ancienneté de race ; on ne se pique point de gloire de ce côté-là, et les charges sont données au seul mérite de la personne, sans aucune considération du sang. — Tavernier, *Relations*, t. I, p. 435 (éd. 1692).

telles que les Callias d'Athènes, éminentes pendant plusieurs générations par leurs richesses et leur puissance politique, apparurent pour la première fois. Aristote est l'auteur d'un traité de la noblesse, où il en discute la vraie définition (1). Voilà l'ouvrage d'un Grec, et qu'un Oriental, même capable de composer un essai argumentatif, n'aurait jamais pu écrire, le sujet étant en dehors de la sphère de ses connaissances. L'importance des familles patriciennes de Rome est notoire, ainsi que le rôle éminent qu'elles jouaient dans la politique et dans la guerre (2). Dès que la république s'éteignit dans le despotisme, ces grandes races disparurent de la scène;

(1) Ap. Stob. Anth., tit. 86, n. 24; tit. 88, n. 13. Il donne une définition complète de la noblesse dans sa Rhétorique, I, 55.

(2) Voyez Schwegler's *Römische Geschichte*, vol. II, p. 630.

elles perdirent leur indépendance ; le Sénat ne fut plus qu'un vil troupeau d'adulateurs, et la charge qu'avait remplie un Curius ou un Emile devint la proie d'un affranchi. Ceux qui organisèrent la résistance contre Philippe II dans les Pays-Bas, ceux qui soutinrent la cause nationale contre la tyrannie espagnole, ce furent les chefs de la vieille noblesse. Dans notre patrie anglaise, les patriciens du parti whig ont combattu, durant le dernier siècle, la suprématie de la couronne, et ont pu, par leur position indépendante, aider d'une manière efficace la cause populaire. S'il avait eu la puissance de Louis XIV, Georges III aurait déjoué leurs efforts et même détruit le parti tout entier. L'aversion des despotes pour les partis politiques et pour l'aristocratie de naissance, mais surtout les motifs qui leur inspirent ce sentiment, sont

la meilleure preuve, à mes yeux, que
ces deux objets de leur haine sont des
bienfaits pour un État.

MONARCHICUS.

Je ne pousserai pas plus loin mon ré-
quisitoire contre les partis politiques,
convaincu que je suis que tout pays doté
du régime monarchique voit avec
alarme les excès de leur ambition. Mais
pour ce qui concerne les prétendus
avantages d'une noblesse transmissible,
j'aurai Democraticus de mon côté. Il est
encore, bien moins que moi, disposé à
tolérer une aristocratie dynastique.
Burke a dit, dans son discours sur la réforme économique, que les rois ont un
penchant naturel pour la mauvaise société, celle des flatteurs, des parasites et
des bouffons ; qu'il faut donc à la cour
des hommes de haut rang, dotés de riches

charges, pour les forcer à fréquenter la bonne. Je ne crois pas à un goût aussi dépravé chez les princes, et cette accusation ne me paraît pas justifiée par les faits. En général, je vois les souverains bien disposés pour la grandeur héréditaire, et choisissant leurs favoris dans les classes patriciennes. Dans tous les cas, le parti démocratique est, plus que les rois, ennemi des honneurs et de la puissance des hautes castes. Les jacobins de France ont guillotiné les gentilshommes avec la même joie qu'ils ont décapité le souverain. Si les monarques ont rabattu les prétentions des nobles, les démocrates les ont envoyés en exil ou à la mort. Admettant que votre proposition soit vraie, il n'est pas moins avéré que sur trois formes de gouvernement, deux sont hostiles à l'aristocratie de naissance.

5.

ARISTOCRATICUS.

C'est contre la monarchie que je parle, et je ne suis pas responsable des erreurs de la doctrine démocratique, que je condamne. Le talent, l'indépendance et un noble orgueil, attributs nécessaires d'une classe patricienne, voilà ce que la monarchie absolue ne pardonne pas. L'ancien régime en France offre un exemple frappant de cette vérité et de ce vice. Depuis Louis XIV jusqu'en 1789, il ne put se former chez nos voisins une bonne aristocratie. La vieille royauté française assurait à la noblesse la jouissance de ses priviléges civils, et la dépouillait en même temps de tout pouvoir politique. En exemptant ses membres des contributions directes, et en les séparant par une barrière du tiers-état, elle les rendait odieux au reste de la nation. Le peuple s'endurcissait aux rigueurs d'une sévérité habituelle, qui avait pour règles les cruautés des châtiments et la torture judiciaire que la révolution seule abolit. Le supplice barbare de Damiens eut lieu en 1757; Calas fut roué en 1762; l'horrible exécution du jeune chevalier de la Barre révolta la France quatre ans plus tard. Les hommes qui, au mois de juillet de 1789, peu de temps après la prise de la Bastille, égorgèrent, dans les rues de Paris, Foulon et son gendre Berthier, les pendirent à la lanterne, mirent leurs têtes sur des piques, et arrachant de leurs cadavres les entrailles et le cœur, les dévorèrent avec une joie sauvage (1), ces monstres étaient les élèves de l'an-

(1) Voy. *Mémoires de Ferrières*, t. I, p. 157-162 (éd. 1821); *Mémoires de Bailly*, t. II, p. 99-125 (éd. 1822); et la curieuse brochure contemporaine réimprimée *ibid.* p. 112-21.

cienne monarchie ; ils ne sortaient pas
de l'école de Marat ni de Robespierre.
De plus, l'ancien régime, par son abus
du *Coup d'Etat*, enseigna au peuple un
mépris systématique des formes constitutionnelles et des procédés légaux. C'est
ainsi qu'il prépara le terrain pour la Révolution française et le despotisme de
Bonaparte, ces deux grands fléaux de
l'Europe moderne. Les Français de la
génération qui atteignit l'âge viril en
1789, n'étaient pas les élèves de la Révolution : c'est l'ancienne monarchie qui
avait formé le caractère et les opinions
de ceux dont la Révolution fut l'ouvrage.
Si les nobles n'avaient été exclus de la
vie politique et de la réalité des affaires
par la jalousie égoïste et inintelligente
des souverains, ils n'auraient pas montré cette faiblesse, cette méfiance mutuelle et cette impuissance à se rallier

dont leur classe fit preuve lorsqu'éclata
la tempête. Au lieu d'émigrer, ils auraient organisé la résistance à la Conven-
tion; et, agissant en corps, ils auraient
facilement eu raison de la poignée de
scélérats qui firent jouer la guillotine
sous la Terreur. Plusieurs auteurs modernes, il est vrai, ont entrepris de faire
paraître la Révolution française sous un
jour favorable. Ce paradoxe n'aurait eu
aucune chance de succès chez ceux qui
en furent les témoins; il n'a été admis
que par ceux qui en ont pris connaissance dans les livres, et qui ont profité
des lois d'égalité auxquelles elle a donné
naissance. Après tout, cependant, il
n'a guère produit qu'une croyance superficielle, et il n'a pas fait pénétrer la
conviction dans le cœur des Français.
Rien n'exciterait en France plus de dé-
goût et d'alarmes qu'une tentative sé-

rieuse pour faire revivre le système politique de cette époque.

MONARCHICUS.

Si l'ancienne monarchie française a
eu ses défauts, vous ne sauriez la rendre
responsable des crimes et des horreurs
de 1789. Tous les écrivains impartiaux
de France et d'ailleurs s'accordent à
regarder les philosophes du xviiie siècle,
Voltaire, Rousseau, Diderot et consorts,
comme les véritables auteurs de la révolution. Ce furent leurs écrits impies et
démagogiques qui minèrent le trône
et l'autel, et dépravèrent l'esprit du
peuple français. Cultivé par de telles
mains, que pouvait donner le sol sinon
une moisson de sang et de discorde?
C'est Burke qui a le mieux jugé la Révolution française. Elle entreprit de tout
refaire à nouveau, de rompre tout lien

avec le passé, de détruire l'ancien gouvernement et d'en créer un nouveau sur
ses ruines, et voilà ce qui causa tous les
maux de cette déplorable époque. La
sagacité de Burke discerna les conséquences de ce système au moment où la
majorité de ses compatriotes applaudissait au changement que la révolution
opérait en France.

ARISTOCRATICUS.

Quel malheur que les historiens de la
grande Révolution française soient, pour
la plupart, des partisans outrés ou de la
royauté ou du jacobinisme! On ne peut,
selon moi, la juger sainement sans condamner les deux systèmes. Toutes les
histoires que nous connaissons, nous
montrent toujours l'auteur plaidant la
cause soit de la révolution contre les
royalistes, soit de l'ancienne monarchie

contre les révolutionnaires. Ce qu'il nous faut, c'est un historien qui se demande si l'un ou l'autre système est bon, et si, de ce que la révolution fut un mal, il s'ensuit que l'ancienne monarchie ne fut pas un fléau.

Je ne suis pas surpris de vous entendre répéter ce qu'on a dit tant de fois, que la révolution de 1789 fut produite par les écrits des philosophes. Mais il ne faut pas oublier que cette révolution fut un grand bouleversement politique et social, et que leurs attaques furent surtout dirigées contre l'Eglise et la religion. La grande ennemie de la libre discussion en matière de philosophie, c'était l'Église. Le gouvernement empêchait tout débat sur la politique du jour ; mais l'Église surtout était hostile aux écrivains tels que les Encyclopédistes. Haïssant l'Eglise, les philosophes attaquèrent la religion. On comprend difficilement l'animosité de quelques-uns de ces auteurs, si l'on ne se rappelle la provocation qu'ils avaient reçue du clergé. L'auteur du *Système de la nature* attaque le théisme avec tout le fiel d'un ennemi personnel ; il écrit contre Dieu comme Junius écrivait contre George III ou contre le duc de Grafton. Il y a eu deux Réformes de l'Église catholique : l'une, la réforme protestante, qui eut son origine en Allemagne, an xvi° siècle ; l'autre, la réforme de la libre pensée, qui naquit en France au xviii°. Voltaire fut le Luther de la seconde, mais Voltaire n'était pas un réformateur politique. Son *Siècle de Louis XIV* est l'ouvrage d'un admirateur de l'ancienne monarchie. On le lut avec enthousiasme dès qu'il parut sous Louis XV, parce qu'on croyait voir une satire de l'abais-

sement de ce règne dans le contraste
qu'il offrait avec les gloires du précédent. Son *Dictionnaire philosophique*
contient quelques articles contre les
châtiments cruels et contre la guerre ;
ici il y tourne quelque peu en ridicule
l'étiquette et les titres honorifiques ; là
il condamne la variété des lois coutu-
mières de la France. Il pense que le
gouvernement démocratique est, de sa
nature, doux et humain, mais qu'il ne
convient qu'à un territoire peu étendu.
Il fait quelques observations générales
sur les avantages respectifs des trois
formes de gouvernement ; mais, comme
le remarque Lacretelle dans son histoire
du règne de Louis XV, Voltaire n'eut
jamais en vue une révolution politique (1). Quoique ennemi de maint abus

(1) Voy. *Dictionnaire philosophique*, art. « Cérémonies, »
« Coutumes, » « Démocratie, » « Politique. » Comparez

de l'*ancien régime*, il était loin d'être démocrate, niveleur ou communiste. De même, la plupart des autres philosophes français de la Régence et du règne de Louis XV n'avaient nullement l'intention de miner ou de détruire le gouvernement de leur pays. La veille de la Révolution on croyait la monarchie de France assise sur le roc ; sa chute surprit l'Europe tout entière. Le principal et presque le seul philosophe antimonarchique fut Rousseau ; mais c'était un Suisse de Genève, et un républicain de naissance. La Révolution française puisa son *credo* politique dans le *Contrat social*, et jamais assurément on ne prit pour guide, dans un moment de grande crise, une œuvre plus creuse et plus superficielle. L'ancienne

Smith, *Leçons sur la Révolution française*, vol. I, p. 88 (éd. 1842).

monarchie française essaya, mais en vain, d'étouffer la libre discussion philosophique. La censure de la presse était éludée, tandis que des lois prohibitives sévères, appliquées assez souvent pour ne pas se laisser oublier, tenaient les philosophes dans un état permanent d'irritation contre l'ordre de choses établi. La vraie cause de la révolution fut le mauvais gouvernement qui la précéda. Dès que les difficultés financières du pays eurent amené la convocation des États-Généraux, et que fut constituée une assemblée représentative armée de pouvoirs législatifs, alors commença une série de changements que ni le roi, ni les ministres n'étaient capables de maîtriser, et que les nobles, spectateurs impuissants et effarés, observaient à distance. Si les philosophes étaient des incendiaires, c'est la monarchie qui, par ses vices, les avait entourés de matières combustibles. Si Louis XVI avait eu assez de force de caractère et assez de sagacité pour appuyer les réformes de Turgot, il aurait pu rire de l'*Encyclopédie* et du *Contrat social*.

MONARCHICUS.

Il est facile de condamner un système tombé. Nous savons maintenant que la monarchie française a été renversée, et l'on croit parler d'or en nous disant qu'elle a succombé par ses propres vices. Pour moi, j'attribue sa chute à un ensemble d'accidents malheureux, mais surtout à la méchanceté des hommes qui se saisirent du pouvoir à un moment d'agitation et de trouble politique. Vous admettez vous-même que la révolution fut une surprise pour la France. Pour un peuple mécontent de son gouvernement, la surprise n'eût été ni aussi grande ni aussi universelle.

ARISTOCRATICUS.

Je ne vois rien d'accidentel dans la chute de la monarchie française, si ce n'est le moment où elle eut lieu. Elle aurait pu arriver plus tard et par d'autres moyens; mais le régime était trop mauvais pour durer.

MONARCHICUS.

En tout cas, le régime qui lui succéda fut encore pire; quel que fût le mal, il n'était pas aussi mauvais que le remède. Aucun homme sensé, qui connaît l'histoire du temps et que n'aveugle aucune théorie politique, ne préférera le règne de Robespierre à celui de Louis XVI. C'est pour cela que je ne partage pas votre jugement sur Bonaparte. On l'a appelé

l'héritier de la Révolution ; il fallait plutôt dire qu'il en fut le bourreau. Il en hé-
rita comme celui qui succède à son père
en l'étranglant. Il eut le mérite d'étouffer le gouvernement révolutionnaire le
18 brumaire, et d'établir à sa place un
gouvernement en réalité monarchique.
Il fit revivre maintes institutions de l'ancienne monarchie ; il rétablit l'ordre et
l'administration régulière des affaires
publiques ; il se fit maître de la France,
mais le peuple français avait montré
pendant la révolution qu'il avait besoin
d'un maître. Je ne saurais donc souscrire
à votre doctrine qui en fait un fléau pour
l'Europe moderne.

ARISTOCRATICUS.

Pour bien juger Napoléon, il vous
faut prendre l'homme tout entier, et ne
pas voir seulement la partie la moins

importante de son influence. Je tiens l'ancienne monarchie française responsable de l'état de choses et de la disposition des esprits, qui produisirent la révolution d'abord, et Napoléon ensuite. La première fut un terrible fléau pour la France, le second fut un terrible fléau pour l'Europe. Une des plus tristes suites d'un mauvais régime, c'est qu'il n'est guère possible de s'en délivrer par les moyens de douceur, et qu'il rend fatalement nécessaire un homme énergique et sans scrupule qui ait assez de force et d'audace pour le renverser. Tel fut O'Connel, qu'enfanta le vieux régime de l'Irlande, valant un peu mieux que l'ancienne monarchie française, mais cependant très-mauvais. Son influence diverse, composée de moyens peu scrupuleux et d'effets salutaires, est bien caractérisée par ces mots de Robert Smith : « Cet homme mérite qu'on le pende, et puis qu'on lui érige un monument sous la potence. »

Napoléon eut l'énergie et le talent nécessaires pour comprimer la Révolution française ; mais il imprima aux éléments politiques du pays la forme qui convenait à sa politique guerrière et à ses projets de conquête. Après avoir, grâce à son merveilleux génie pour la guerre, soumis la moitié de l'Europe à sa puissance, il devint tellement enivré d'ambition qu'il perdit plus qu'il n'avait gagné, et réduisit la France à des frontières plus étroites que celles que lui laissait la Révolution. Il a ainsi légué à son pays le souvenir permanent d'une vaste domination et la soif d'une guerre vengeresse pour la recouvrer. Il a aussi imprimé un caractère militaire à tout le continent de l'Europe, et fait prédominer partout les emblèmes de la force brutale. Il a organisé le système de la conscription et des grandes armées permanentes, et fait de chaque cour un état-major.

Hélas! pauvre De Tocqueville! que ne vécut-il assez pour exécuter son projet d'étudier et de juger la politique de Napoléon. Une histoire qui contienne une juste appréciation de son caractère et de son influence, c'est là le grand *desideratum* de la littérature politique moderne ; mais un tel ouvrage ne ferait en France aucune impression sur les esprits s'il n'était écrit par un Français. Un jugement défavorable (le seul compatible avec la vérité) prononcé contre Napoléon par un Anglais, serait attribué infailliblement à la jalousie et au préjugé national.

MONARCHICUS.

Quel que puisse être le caractère militaire de notre temps, il est certain que le XIXe siècle est un progrès sur le XVIIIe. La Révolution française eut au moins ce bon effet qu'elle détruisit les priviléges aristocratiques et les inégalités légales de ce dernier. Elle nivela tout devant la loi. On trouva ses résultats positifs intolérables ; ses institutions démocratiques furent unanimement rejetées par la France, et le pays fut soumis par Napoléon à la règle salutaire d'un despotisme impartial. Napoléon sut extraire ce que le système révolutionnaire avait de bon, l'égalité ; et en exclure ce qu'il avait de mauvais, le gouvernement démocratique. Il en résulte que la France jouit maintenant de la meilleure forme de gouvernement possible, une monarchie pure sans classe aristocratique.

ARISTOCRATICUS.

Je suis d'accord avec vous sur les caractères distinctifs du xviiie et du xixe siècle, mais nullement sur l'appréciation comparative que vous en faites. Le xviiie siècle est par excellence le siècle de l'aristocratie. Dans le xvie et le xviie, la littérature et la science s'adressaient aux savants et aux hommes de lettres; les courtisans, les grands seigneurs et le beau monde ne lisaient pas. La littérature était raide et pédantesque; la plupart des livres s'écrivaient en latin. Mais le xviiie siècle vit naître en France, en Italie et en Angleterre des auteurs nombreux qui traitèrent les questions philosophiques et même scientifiques en un style approprié aux personnes peu lettrées; leurs ouvrages s'adressaient à tout homme d'éducation libérale, et non pas seulement à des professeurs et à des savants cloîtrés ; les hommes du monde prirent goût à la lecture, et la philosophie devint à la mode. La littérature n'avait pas pénétré dans le grand public ; il n'y avait aucune publication à bon marché ; la presse périodique n'avait pas encore d'écrivains de talent, et elle n'exerçait guère d'influence ; il n'y avait presque pas d'école pour les classes ouvrières. La littérature était bornée aux hautes classes de la société, mais elle comprenait ces classes tout entières. Sortie des colléges et des cloîtres, elle était entrée dans les salons.

Dans le dernier siècle, l'attitude des classes aristocratiques envers la masse du peuple était fière et dédaigneuse, il est vrai, mais sans aucun sentiment d'hostilité ou de malveillance ; et l'opinion de l'aristocratie en Europe n'avait

jamais été plus largement libérale que
pendant les vingt années qui précédèrent
la Révolution française. Si l'on avait permis aux vieilles institutions et aux vieux
gouvernements de se fondre graduellement sous l'influence salutaire des
rayons qui, pénétrant dans les hautes
classes, commençaient même à éclairer
les antichambres des cours et les salons
des princes, on aurait épargné au monde
les flots de sang et les spoliations de
la Révolution française, et les dévasta-
tions des guerres de l'Empire. On lui
aurait épargné, en outre, la crainte soup-
çonneuse que cette horrible convulsion
inspira aux classes gouvernantes et aristocratiques à l'égard de la masse du
peuple. Après le règne de la Terreur, il
était assez naturel qu'un patricien regar-
dât un plébéien comme un monstre avide
de le dévorer, comme un ennemi prêt à

le dépouiller et peut-être à lui couper la gorge. Le xviii° siècle fut tout particulièrement, je le répète, le siècle de l'aristocratie. Le xix° est l'époque du despotisme démocratique. Ce double caractère lui a été imprimé par la Révolution française et par l'Empire. La réaction contre les invasions et les conquêtes de Napoléon ont encore donné à ce siècle un autre trait distinctif. C'est l'époque de la nationalité. L'esprit philosophique du dernier siècle, large et cosmopolite, était hostile à l'esprit étroit de nationalité et de patriotisme exclusif, et les principaux écrivains français jugeaient alors avec indulgence les autres nations. Aujourd'hui, au contraire, sauf quelques exceptions notables, ils se distinguent par des préjugés et un fanatisme aveugle envers les pays étrangers. Sous ce rapport, comme sous les autres dont je viens de parler, le xix° siècle me paraît inférieur au xviii°.

Il arrive souvent que les partisans du gouvernement aristocratique sont disposés à s'abriter sous la monarchie, à en arborer les couleurs, et même à se faire les instruments de sa politique. Les torys anglais, bien qu'ils forment naturellement un parti oligarchique, ont plus d'une fois trahi leur ordre, pour se montrer monarchistes purs. C'est ainsi que durant la première partie du règne de George III, ils étaient tout disposés à mettre aux pieds du roi les libertés du pays. Ils reprochaient aux whigs non pas d'être démocrates, mais antimonarchiques. On ne saurait me faire le même reproche. Ennemi de la démocratie, j'ai pour la monarchie une aversion égale. Ce que je désire voir s'établir, c'est la prépondérance de l'aristocratie sur la

monarchie d'un côté, et sur la démocratie de l'autre.

DEMOCRATICUS.

Jusqu'ici je vous ai écoutés en silence
discuter les titres d'un seul ou de quelques-uns au gouvernement de l'État.
Mais il est temps pour moi de placer un
mot en faveur du peuple, dont vous vous
accordez à rejeter les prétentions. J'ap-
prouve tout ce qu'Aristocraticus a dit
contre la monarchie, et je pourrais for-
tifier ses objections de nouveaux arguments. Mais je me bornerai à lui demander les raisons qui lui font exclure
la masse du peuple de toute part au
gouvernement.

ARISTOCRATICUS.

J'ai déjà expliqué pour quelles raisons
je préfère le gouvernement de plusieurs

à celui d'un seul. J'ai dit pourquoi je
diffère de Monarchicus, et j'ai tâché de
prouver mon thème par des arguments
solides. Jusque-là Democraticus et moi
sommes d'accord. Notre divergence
commence dès qu'il s'agit de la forme
du gouvernement pluriel ou républicain,
et du nombre et du caractère des personnes à investir du pouvoir suprême.
Ma position est un juste milieu entre les
deux extrêmes de la monarchie et de la
démocratie ; je ne veux point confier le
pouvoir tout entier aux mains d'un seul
homme, je me refuse également à le dis-
tribuer par parties égales à tous les
adultes libres d'un pays.

Je vais maintenant vous expliquer
pourquoi, rejetant la monarchie et ap-
prouvant le gouvernement républicain,
je condamne la démocratie.

Les démocraties de l'antiquité, basées

sur une classe d'esclaves condamnée au travail, ressemblaient aux États du Sud de l'Union américaine. L'antiquité n'offre point d'exemple d'un État démocratique où tout le monde fût libre. Dans tout État populaire la majorité était esclave, et privée de droits politiques. Ces droits étaient partagés entre tous les citoyens libres, et leur appartenaient exclusivement. Les aristocraties et les oligarchies anciennes étaient aussi fondées sur une classe d'esclaves travailleurs ; mais tous les citoyens libres n'avaient point part au gouvernement, qui était l'apanage d'hommes de naissance illustre, de race privilégiée, ou de grande fortune. Dans les aristocraties anciennes le *demos* ou la plèbe était une caste semblable aux *petits blancs* d'un État du Sud de la République américaine ; son équivalent existait aussi dans les démocraties et y possédait en grande partie le pouvoir politique.

Les philosophes et les historiens de l'antiquité étaient en général favorables au gouvernement de l'aristocratie et hostiles à celui de la démocratie. Ils croyaient que les lumières et l'intelligence sont des qualités essentielles au chef d'un État, et c'est pour cela qu'ils excluaient du pouvoir les citoyens pauvres. Ils regardaient la plèbe comme ennemie de la raison et de la modération, et comme tenant du caractère ochlocratique qui est l'antipode de la sagesse et de la vertu. Je remarque en passant qu'ils étaient aussi antimonarchiques, excepté quand ils se figuraient le monarque sous la forme idéale du Cyrus de Xénophon.

Le défaut capital que les politiques anciens trouvaient au gouvernement de l'aristocratie, c'est qu'il est sujet à être renversé par les dissensions de ses chefs. C'est la principale objection opposée à l'oligarchie par Darius, l'avocat de la monarchie dans la discussion des conspirateurs perses, telle que la raconte Hérodote. Aristote pose comme principe que l'oligarchie est en général un gouvernement éphémère, mais il admet qu'il est durable si la classe qui gouverne est exempte de discorde. Eh bien ! même dans l'antiquité les gouvernements aristocratiques ont montré le plus de longévité. Sparte conserva sans altération son régime oligarchique pendant plusieurs siècles. Les Carthaginois eurent une constitution stable ; et le gouvernement romain, où l'influence patricienne fut toujours puissante, et non prédominante, jusqu'aux guerres civiles, dura, selon la chronologie reçue, pendant plus

de quatre siècles. Ce reproche d'insta-
bilité, le plus grave que les politiques
de l'antiquité aient fait, se trouve donc
réfuté par l'antiquité elle-même. Parmi
les gouvernements du moyen âge, l'a-
ristocratie vénitienne se distingua aussi
par sa permanence.

DEMOCRATICUS.

Lorsque les membres d'une aristocratie se liguent pour piller et opprimer le
peuple, ils peuvent maintenir entre eux la
concorde. Mais quand le peuple est assez
faible pour n'inspirer aucune crainte à
l'aristocratie dominante, alors éclatent
dans le sein de celle-ci des jalousies ré-
ciproques qui suivent leur cours naturel.
Nous voyons ces causes en pleine activité pendant toute la durée du système
féodal. Ce régime était essentiellement
aristocratique ; tant qu'il fut en vigueur,

le peuple ne compta pour rien, et le roi pour peu de chose. Le pouvoir réel était aux mains des grands barons, qui étaient perpétuellement en discorde, et souvent en guerre les uns avec les autres. Il ne saurait exister un système de gouvernement plus mauvais que celui-là, bien que, par esprit de réaction et par amour du paradoxe fantastique, quelques écrivains modernes se soient plu à le peindre sous des couleurs brillantes. Le règne de notre Henri III, lorsque le pays était déchiré par des guerres continuelles, et le roi soumis à un conseil d'ordonnateurs, est un type parfait du gouvernement féodal.

ARISTOCRATICUS.

Le système féodal était une forme vicieuse d'aristocratie. Toutefois, il eut le

mérite de remplacer un régime pire et
de servir de marche-pied à ce qui fut un
meilleur système quelque part, et aurait
pu être un meilleur système partout. Il
valait mieux que l'anarchie uniforme et
la dégradation générale qui succédèrent
à la période romaine et aux premières
invasions des tribus teutoniques. Les
seigneurs féodaux organisèrent une résistance contre le roi ; ils agirent souvent en corps et posèrent ainsi la base
du gouvernement d'une assemblée délibérante. Les réunions féodales des barons
et du clergé furent l'origine des assemblées des États, où toutes les classes
étaient représentées. De l'assemblée primitive des États sortit graduellement le
parlement d'Angleterre, et si, dans les
autres pays, l'assemblée des États ne
réussit pas à établir son autorité, et fut
réduite à néant par la prépondérance du

roi, ce ne fut pas la faute du système féodal.

Toutefois, la tendance du gouvernement aristocratique à engendrer la discorde parmi ceux qui le dirigent, n'est pas la principale raison qu'on lui oppose dans les temps modernes. Ce qu'on lui objecte de nos jours, ce n'est pas que la jalousie divise les grands, mais qu'une ligue les unit contre le reste du peuple. Leurs intérêts à part, leurs priviléges, leurs tendances antipopulaires, leur morgue patricienne, leur mépris du plébéien, leurs prétentions héréditaires, leurs titres honorifiques, leurs ordres de chevalerie, leurs ornements héraldiques, leurs livrées et leurs équipages ont fourni les principaux arguments contre eux, et soulevé l'aversion qu'on éprouve à leur égard. Ces prétentions, ces distinctions ont blessé le sentiment de l'égalité, ce sentiment « qu'un homme en vaut un autre » qui est essentiel à la démocratie.

Or, je comprends très-bien l'existence de ce sentiment, et, pour le satisfaire, je suis prêt à tous les sacrifices compatibles avec un bon gouvernement. L'envie, bien que rarement elle s'avoue, est peut-être un des plus puissants mobiles en politique. Je redoute la Némésis du jacobinisme, et veux bien apaiser cette sombre et sanguinaire déesse par tous les moyens légitimes. Mais prétendre arriver à une parfaite égalité dans la distribution des pouvoirs du gouvernement me semble aussi absurde que de viser à une égalité parfaite dans la distribution de la propriété. La démocratie pure est, à mon sens, aussi vicieuse en théorie et aussi pernicieuse en pratique que le communisme.

DEMOCRATICUS.

Le côté faible du gouvernement aristocratique, c'est le danger que l'on
court en confiant le pouvoir politique à
une minorité, et quelquefois à une minorité peu nombreuse. Les intérêts d'une
minorité sont distincts de ceux de la
masse, et souvent leur sont hostiles. Une
classe aristocratique gouverne toujours
en vue de son avantage particulier, tandis que les intérêts d'une majorité sont
identiques avec ceux de la nation ; et si
le gouvernement est confié à une majorité du peuple, les intérêts de tous les
citoyens seront sauvegardés. Je ne défends pas les excès de la Révolution française, excès que vous attribuez avec raison à l'influence de l'ancienne monarchie, et je ne m'identifie point avec le
jacobinisme ; mais la haine profonde que

la conduite de la noblesse française avait inspirée au tiers-état est, selon moi, une preuve concluante que les sentiments d'une aristocratie sont incompatibles avec ceux du reste de la nation.

ARISTOCRATICUS.

Pour prouver l'existence inévitable d'un antagonisme entre les intérêts d'une classe noble et ceux du reste de la nation, vous vous appuyez surtout et faussement, selon moi, sur l'exemple de l'ancienne noblesse française. Votre raisonnement confond l'aristocratie comme classe avec l'aristocratie comme forme de gouvernement. Le gouvernement français était une monarchie, et cette monarchie employait son influence à corrompre la classe patricienne. Elle respecta les priviléges civils des nobles et, en maintenant leurs prérogatives, les rendit impopulaires. Par jalousie de leur pouvoir, elle leur ôta toute influence politique et les laissa sans individualité, sans initiative et sans énergie. Si le gouvernement français avait été une aristocratie, les nobles auraient eu et exercé un pouvoir politique. Il aurait pu y avoir des rivalités parmi eux, mais, au moins, ils auraient été exempts des vices qu'ils contractèrent sous l'influence énervante et avilissante des rois leurs maîtres. Bien plus, si le gouvernement avait été une aristocratie, les nobles n'auraient pu compter que sur eux-mêmes, et il est fort douteux que, sans le secours du pouvoir royal, ils eussent pu conserver les priviléges qui les rendaient si odieux : ils auraient cédé à la pression démocratique. En Angleterre, où le roi n'était pas un autocrate, et où l'aristocratie avait un grand pouvoir po-

litique, une parfaite égalité de priviléges
civils s'établit entre la classe noble et le
reste de la nation. L'aristocratie anglaise
et l'aristocratie française du xviiie siècle
se présentent sous deux aspects contraires. La première avait seule le pouvoir politique, mais subissait l'égalité civile avec le reste des citoyens ; la dernière était privée de pouvoir politique,
mais possédait des priviléges civils. Cette
différence était due à celle des formes
de gouvernement ; la France était une
monarchie absolue ; l'Angleterre, une
république aristocratique.

DEMOCRATICUS.

Partout où il existe une classe de
nobles, que ce soit dans une monarchie
absolue ou dans une république aristocratique, elle est hostile aux plébéiens,
et poursuit exclusivement ses intérêts à

leurs dépens. Si une minorité obtient le pouvoir politique, elle en abuse ; ce n'est qu'en le confiant à une majorité du peuple qu'on peut en prévenir l'abus. Si une classe aristocratique gouverne, les intérêts des classes ouvrières, qui forment la masse de toute nation, seront infailliblement sacrifiés.

ARISTOCRATICUS.

Si je refuse aux classes ouvrières une part au pouvoir gouvernemental, ce n'est pas par jalousie ou par antipathie de caste, mais parce que je ne les crois pas propres à l'exercer. Un gouvernement devrait, selon moi, se former d'après un principe de tutelle. A mes yeux, les classes ignorantes sont aux classes instruites, par rapport au gouvernement, ce que les enfants sont aux adultes. Le manque de lumières et d'in-

telligence les rend incapables de résoudre les questions difficiles qu'impliquent
la législation ou l'administration pratique. En outre, elles n'ont pas suffisam-
ment le sentiment de la propriété, qui
est l'une des grandes sauvegardes de la
société. Vivant de salaires, et au milieu
de ceux qui vivent aussi au jour le jour,
elles n'ont point pour la propriété ce
respect que donne l'intérêt personnel, et
que les personnes point ou peu lettrées
ne peuvent apprendre par la théorie. Il
faut se rappeler que la propriété est un
paradoxe, tout aussi bien que la mono-
gamie. Elles sont contraires l'une et
l'autre aux premières impressions super-
ficielles d'un esprit spéculatif. Paley,
dans son apologue des pigeons, fait bien
ressortir le caractère paradoxal de l'institution de la propriété. Le docteur
Johnson dit qu'il n'eût pas été surpris si,

de dix écoliers versifiant sur les campagnes de Marlborough, neuf se fussent rencontrés avec Addison et lui eussent apporté la comparaison de l'Ange (1). De même je pourrais dire que si dix écoliers de talent se mettaient à spéculer sur l'institution de la propriété, je ne serais pas surpris que neuf d'entre eux arrivassent à la théorie platonique du communisme. L'habitude nous a réconciliés avec le droit de propriété et avec les inégalités de condition sociale qu'il suppose, et elle nous a appris à le regarder comme une vérité évidente ; mais il arrête et étonne le philanthrope libre de toute idée préconçue, lorsqu'il réfléchit sur les lois sociales. Nous ne devrions pas nous étonner si le communisme spéculatif trouve faveur parmi ceux qui ne possèdent point.

(1) Voy. *The Campaign*, a Poem to His Grace the Duke of Marlborough.

DEMOCRATICUS.

Je répudie la doctrine de tutelle, qui sert de fondement à votre théorie du gouvernement aristocratique. En fait de gouvernement nulle théorie, selon moi, n'est saine, si elle ne repose sur la méfiance. Il devrait être admis que toute personne qui agit comme membre d'une minorité a des intérêts particuliers hostiles à l'intérêt commun. La démocratie prend cette vérité pour base, et ne tient compte à aucun homme de ses bonnes intentions. Elle neutralise ses tendances sinistres en le plongeant dans la majorité. Elle ne se fie à personne, et, par conséquent, elle repousse l'idée de tutelle en matière gouvernementale. Une cour de justice n'a point d'intérêts qui ne puissent s'avouer, et l'on peut s'en rapporter à elle du soin

de nommer un tuteur à un mineur;
mais où est le pouvoir supérieur auquel
on puisse confier le choix du corps aristocratique qui gouvernera une nation?
Quand même un ange descendu du ciel
choisirait lui-même les gouvernants,
ceux-ci, corrompus par la possession du
pouvoir, cesseraient bientôt de justifier
la préférence qu'ils auraient méritée
d'abord.

ARISTOCRATICUS.

Je ne suis partisan ni d'une oligarchie étroite, comme les trente tyrans
d'Athènes ou les décemvirs de Rome,
ni d'une oligarchie avec des priviléges
exclusifs et des barrières infranchissa-
bles. Je veux une aristocratie assise sur
une base assez large pour rendre im-
possibles les combinaisons personnelles.
Sous une aristocratie de cette nature, les

intérêts étroits n'auraient aucune influence sur les mesures du gouvernement. Bien que la classe investie du pouvoir ne fût pas la majorité de la nation, ses talents et ses lumières soumises au contrôle de la discussion et de l'opinion publique, présenteraient en général une garantie suffisante contre la prédominance des intérêts hostiles au bien commun du reste de la nation.

DEMOCRATICUS.

En Angleterre le pouvoir de l'aristocratie est tempéré par les influences que vous invoquez à votre aide; et cependant, en Angleterre, vous avez vu des cas comme celui des lois des céréales, où l'aristocratie territoriale imposa au reste de la population un tribut dans son propre intérêt, et éleva le prix du pain pour accroître ses revenus.

ARISTOCRATICUS.

Les lois des céréales faisaient partie d'une politique fondée sur des raisons patriotiques, et sincèrement regardée à l'époque, même par des hommes éclairés, comme un bienfait pour la société tout entière. On a protégé les manufacturiers et les marchands, et même les artisans, aussi bien que les agriculteurs. C'est se tromper que de croire que l'intérêt agricole se borne dans notre pays aux propriétaires qui reçoivent la rente. Les fermiers, qui la payaient, défendaient les lois des céréales au moins aussi énergiquement que les propriétaires. J'admets que la doctrine du libre échange appartient à l'a b c de la politique, et qu'une personne dégagée d'intérêt, qui ne peut pas comprendre le raisonnement qui lui sert de base, n'est pas douée à un haut degré de l'esprit logique. Toutefois, l'exemple des Etats-Unis montre qu'une démocratie peut adopter une politique prohibitioniste ; celle-ci n'a donc pas besoin d'être soutenue par la prépondérance d'une minorité intéressée. De plus, sous un gouvernement démocratique, il est facile à une classe limitée de faire prévaloir exclusivement ses propres intérêts par le procédé qui s'appelle en Amérique *Log Rolling*, et qu'on avait l'habitude de pratiquer sur une petite échelle dans les salles où s'assemblait le grand jury irlandais. Une section qui dispose d'un certain nombre de voix dans la législature, peut vendre son appui à une autre section de la chambre en faveur d'une question particulière, à condition de recevoir un appui réciproque pour la question qui l'intéresse elle-même. Au moyen de la double corruption d'un tel marché, on peut faire triompher des intérêts de coterie, même dans un État démocratique. Il ne faut pas oublier non plus que la loi des céréales de 1815 fut adoptée l'année qui suivit la guerre, lorsqu'on croyait généralement qu'il y avait avantage pour le pays à ne point dépendre de l'étranger pour son alimentation. Rappelez-vous aussi que la protection de l'agriculture et des manufactures n'est pas la seule espèce de protection législative. Il y a aussi la protection du travail ; et si la suprématie des classes ouvrières était établie dans ce pays, et que, dans toutes les grandes villes, les élections fussent conduites par un comité dirigeant de l'union des métiers, celle-ci tenterait probablement de donner à ses règlements force de loi.

Loin de moi, toutefois, de prétendre

que les gouvernements aristocratiques soient parfaits, et qu'ils ne soient sujets, comme les autres, à commettre des erreurs. Je ne crois pas à l'infaillibilité de l'aristocratie ; je me contente d'affirmer qu'elle vaut mieux que la monarchie ou la démocratie. Ce que je tiens à mettre tout particulièrement en relief, c'est que la démocratie est essentiellement le gouvernement des classes ouvrières, et que, jusqu'à présent, on n'en a pas fait l'épreuve dans une grande nation européenne. A la seule exception de la Suisse, l'essai s'est borné jusqu'ici à des colonies anglaises, soit indépendantes comme les Etats-Unis, ou dépendantes comme les provinces de l'Amérique du Nord ou de l'Australie. La colonie anglaise est le type du gouvernement démocratique, et nous avons aux Etats-Unis comme en Australie des

exemples de gouvernement populaire,
où le pouvoir politique appartient aux
classes ouvrières. Mais ce ne sont pas
de vieux pays couverts de grandes villes
pleines de corps organisés d'artisans
et d'ouvriers. La masse de la population est agricole, et le propriétaire
cultive lui-même ou fait cultiver par ses
esclaves. C'est là une condition sociale
toute différente de celle de l'Angleterre
ou de la France; et par suite, un gouvernement démocratique dans le nord
de l'Amérique ou en Australie fonctionne autrement que dans ces vieux
pays. L'homme politique le plus démocrate de l'antiquité n'a jamais songé à
une communauté entière d'hommes libres où les travailleurs, comme formant
la majorité numérique, posséderaient et
exerceraient la puissance gouvernementale. Un État formé d'esclaves émancipés

($\delta o\acute{u}\lambda\omega\nu$ $\pi\acute{o}\lambda\iota\varsigma$) était pour les anciens une monstruosité. Une démocratie, en Angleterre ou en France, serait en pratique le gouvernement par une classe qu'un ancien démocrate eût considérée comme esclave.

DEMOCRATICUS.

Peut-être est-il vrai, comme vous le dites, que les classes aristocratiques dominantes ont jusqu'ici exilé de l'Europe le gouvernement démocratique comme institution permanente, et qu'il n'a pris racine, sur une grande échelle, que dans les colonies anglaises. Mais ce fait ne prouve pas qu'on devrait l'exclure des contrées populeuses de la vieille Europe, ou que les classes ouvrières n'y devraient pas exercer le pouvoir politique. Quand on parle de l'abus qu'elles en feraient, cela veut dire qu'elles en use-

raient d'une manière utile à elles-mêmes
et à la grande masse de la population.

ARISTOCRATICUS.

Ce que je condamne, c'est la prédominance excessive du pouvoir démocratique, et le gouvernement non tempéré
des classes ouvrières. Les théoriciens politiques des temps anciens et modernes
se sont accordés à faire l'éloge d'un gouvernement mixte, où se combinent les
éléments monarchique, aristocratique et
démocratique. Il est vrai qu'ils s'expri-
mênt à ce sujet en des termes qui ne sont
ni conséquents ni clairs; mais ils s'accordent tous à penser qu'un gouvernement
ne doit pas être exclusivement démocratique. Ils tempèrent l'aristocratie par la
démocratie, et accordent conséquem-
ment un certain poids à l'élément aristocratique. Telle est la forme de gou-

vernement que je défends. Je reconnais parfaitement l'importance du grand nombre dans un État. Je sais que la majorité numérique ne peut pas, et ne doit pas être comptée pour rien dans l'administration d'un gouvernement ; mais je maintiens que la multitude sera mieux gouvernée par la minorité éclairée que par la masse ignorante. Je veux bien faire un compromis avec la démocratie ; je ne demande point qu'on exclue absolument l'influence démocratique ; mais je ne puis lui accorder la suprématie.

DEMOCRATICUS.

Je n'admets aucun compromis. Je ne puis reconnaître que la suprématie absolue de la démocratie. Je regarde tout gouvernement aristocratique comme essentiellement égoïste et antipopulaire et, partant, je traite toute négociation avec l'ennemi aristocratique comme un acte de trahison. Mes principes de gouvernement sont simples, et leur simplicité fait leur excellence. Si je suis fidèle à ces principes, je ne puis entrer en accommodement avec l'aristocratie.

ARISTOCRATICUS.

Le compromis que je propose à la démocratie n'est pas déraisonnable. Je ne désire point avoir une aristocratie exclusivement fondée sur l'hérédité comme les anciennes républiques, où un certain nombre de familles (γένη ou *gentes*) avaient le monopole du pouvoir. Je ne veux pas avoir un certain nombre de familles patriciennes qui, comme à Rome, rempliraient en réalité le Sénat et tous les hauts emplois. Je demande un gouvernement aristocratique représentatif

8

créé par l'élection populaire, mais non
pas populaire au point de mettre tout le
pouvoir entre les mains des classes ouvrières. Le système représentatif a rendu
possible un mélange modéré d'aristocratie et de démocratie sans avoir recours à
des méthodes vicieuses et détournées,
comme, chez les Romains, la division par
centuries, petites pour les riches et grandes pour les pauvres, ou même la pluralité des votes, comme chez nous dans
mainte élection municipale. En appli-
quant convenablement la représentation
locale, et en formant des corps restreints
de commettants, on parviendrait, par
des moyens légitimes, à représenter la
minorité, et à résoudre ainsi le problème
de nos constructeurs de politique idéale.
Une assemblée représentative est elle-
même une espèce d'aristocratie. C'est
une commission nationale permanente,

élue par le peuple pour gérer ses affaires. Quelque étendu que soit le suffrage électoral, il y aura toujours une immense différence entre cette assemblée d'élite et le rassemblement confus de toute la population libre qui remplissait le Pnyx d'Athènes pour voter sur les affaires publiques. Une assemblée parlementaire prend le caractère d'une corporation restreinte; les membres apprennent à se connaître personnellement, et ils contractent petit à petit cette habitude des affaires qui distingue l'homme spécial. Je voudrais voir élire un corps semblable par un nombre de votants assez grand pour empêcher la prépondérance d'intérêts étroits, mais pas assez considérable pour soumettre cette représentation à une influence démocratique irrésistible.

DEMOCRATICUS.

Le système que vous venez de décrire ne serait pas mauvais ; mais il ne devrait sa valeur qu'à ses nombreux éléments démocratiques, le rapprochant de la démocratie. Mais il vaudrait mieux encore si l'exclusion de tout levain aristocratique le laissait à l'état de démocratie pure.

ARISTOCRATICUS.

Je crois, au contraire, que sa bonté dépend de ce qu'il exclut la démocratie et contient ce levain aristocratique qui, selon vous, ne peut que le corrompre. Pour moi, l'essence du système consiste dans le mélange de ses éléments : je ne permettrais à aucune force de se mouvoir en ligne droite selon son impulsion première ; je la ramènerais toujours à la diagonale.

DEMOCRATICUS.

Vous parlez en termes vagues d'un mélange d'éléments aristocratiques et démocratiques, qu'on obtiendrait au moyen d'une organisation convenable du suffrage, mais vous perdez de vue le fait qu'une noblesse héréditaire tenant de la loi certains priviléges est l'essence d'un gouvernement aristocratique, et que cette institution suppose nécessairement l'inégalité légale et sociale. Elle suppose aussi une branche de la législature fondée sur le privilége héréditaire. Admettre dans le gouvernement un principe d'hérédité, indépendamment du mérite personnel, voilà ce qui me semble incompatible avec toute saine doctrine politique, et pour cette raison seule je regarde le principe du gouvernement aristocratique comme insoutenable.

ARISTOCRATICUS.

Je n'admets pas qu'une noblesse héréditaire, jouissant de priviléges politiques, soit essentielle à un gouvernement aristocratique, bien que j'en considère la présence comme étant politiquement utile. Si le suffrage est organisé de manière que la prépondérance numérique des classes ouvrières ne puisse pas déterminer le caractère du gouvernement, je considère l'Etat comme une aristocratie. Mais je remarquerai que deux chambres sont regardées comme un bien par la plupart des hommes politiques, et qu'une noblesse héréditaire est la meilleure solution du problème d'une seconde chambre. En outre, les priviléges héréditaires doivent être, comme en Angleterre, purement politiques. Sauf la préséance sociale, un pair anglais n'a que

les priviléges que lui donne son siége
dans la chambre des lords. Veuillez aussi
vous rappeler que les puissantes familles
patriciennes héréditaires appartiennent
spécialement aux États libres; qu'elles
font complétement défaut dans les des-
potismes de l'Asie, et que les monarques
absolus de l'Europe les ont toujours regardées d'un œil jaloux. A moins que les
habitudes et les opinions démocratiques
ne soient profondément enracinées chez
un peuple (comme aux États-Unis), de
telles familles forment les adversaires
les plus puissants de la monarchie absolue, et sont les sauvegardes les plus effi-
caces de la liberté publique. Si les Français, dans leur première révolution, n'a-
vaient pas anéanti leur ancienne noblesse, ils seraient tombés moins facilement sous la domination d'un seul
maître.

DEMOCRATICUS.

Un gouvernement aristocratique qui proscrirait toute distinction héréditaire, si un tel gouvernement pouvait exister, me désarmerait sur bien des points. Mais pour une caste investie, dans une oligarchie, de priviléges politiques héréditaires, j'ai une répugnance profonde, et il n'est pas de vrai démocrate qui consente jamais à pactiser avec elle.

CRITO.

Bien que je condamne tout plan idéal d'État parfait, toute forme de la chose publique qui ne repose point sur l'expérience des faits, je n'en suis pas moins d'accord avec vous, Aristocraticus et Democraticus, pour refuser de reconnaître la monarchie absolue comme le gouvernement le mieux approprié à un

État civilisé de l'Europe. Bien plus, je pense avec vous qu'il trouverait dans certaines institutions représentatives la meilleure chance de bonne administration et de bien-être social. Mais cette concession faite à votre idéalisme politique, je ne puis faire un pas de plus. J'ai en suspicion tout mouvement révolutionnaire, et il me répugne de recourir à la violence pour amener un changement de gouvernement. Si j'avais le malheur d'être le sujet d'un despote, j'adopterais comme règle générale ces paroles que prononça Eprius Marcellus dans le sénat romain à l'avénement de Vespasien : « *Se meminisse temporum quibus natus sit, quam civitatis formam patres avique instituerint ; ulteriora mirari, præsentia sequi ; bonos imperatores voto expetere, qualescunque tolerare.* »

Je doute fort d'ailleurs qu'il soit pos-

sible de doter d'institutions représentatives un État asiatique. Les nations orien-
tales se sont fait remarquer jusqu'à présent par trois traits caractéristiques
incompatibles avec la pratique d'un
gouvernement libre, c'est-à-dire la per-
fidie, la cruauté et la corruption. Dans
un pays où l'homme en place est infidèle
et corruptible, et où les sévices sanguinaires détruisent le sentiment de la sécurité et allument le désir de la vengeance,
il n'est guère possible qu'il s'organise une
forme de gouvernement collectif, ou que
des hommes se réunissent pour agir de
concert comme égaux et comme collègues. Tel a été jusqu'ici le naturel des
Asiatiques; ils semblent être inférieurs
aux Européens en intelligence et en moralité, et dépourvus des facultés nécessaires à la solution de certains problèmes politiques que les Européens sont

parvenus à résoudre. Dès qu'on a mieux connu le caractère oriental et la vie intérieure des monarchies asiatiques, les illusions qui ont trompé le dernier siècle se sont évanouies. Qui aurait été témoin des atrocités de Tœpings lirait avec étonnement les éloges que fait Voltaire de ce « peuple philosophe, » les Chinois; et une victime de la révolte des Cipayes douterait fort du caractère débonnaire du « doux Indien. » Quant aux nègres, il serait ridicule de parler d'une tribu africaine comme pouvant former un gouvernement représentatif.

DEMOCRATICUS.

Voilà une doctrine à laquelle je ne saurais souscrire. Elle est incompatible avec la religion. Elle suppose une inégalité naturelle parmi les hommes, aussi bien qu'une incapacité innée à la majeure partie de notre race pour un bon régime politique. Les Bretons et les Germains, tels que César et Tacite nous les représentent, n'étaient certainement pas plus avancés que les Orientaux modernes; et cependant ils ont atteint depuis longtemps le degré de civilisation qui les rend propres au gouvernement représentatif. Je ne vois nullement pourquoi vous supposez que les Asiatiques et les Africains sont fatalement condamnés à subir un mauvais gouvernement, et frappés d'une incapacité naturelle pour les institutions populaires.

CRITO.

Je juge d'après l'expérience, et je conclus que la nature orientale continuera d'être à l'avenir ce qu'elle a été jusqu'ici. Je nie aussi qu'il soit impie, comme vous le prétendez, de supposer une inégalité naturelle dans les facultés intellectuelles des différentes races de l'humanité. Je ne vois pas plus de difficulté à supposer une différence naturelle entre un Hottentot ou un Malais et un Européen, qu'à en reconnaître une entre un bouledogue et un lévrier, ou entre un poney du Shetland et un cheval d'omnibus.

ARISTOCRATICUS.

L'aptitude des populations asiatiques et africaines pour les institutions représentatives est pour le moment purement spéculative. Personne ne s'attend à voir un parlement turc, ou même un conseil indien à Calcutta, composés de membres indigènes. Mes réflexions se borneront donc aux nations civilisées de l'Europe, de l'Asie et de l'Australie; et voici ma thèse. Je maintiens que pour cette catégorie

9

de nations, la meilleure forme de gouvernement est une constitution aristocratique représentative, ou ce qu'il vaudrait peut-être mieux appeler une constitution aristo-démocratique représentative, pourvu bien entendu que l'élément aristocratique soit substantiel et non factice ou de pure forme, et que la classe aristocratique ait réellement voix délibérante dans le gouvernement. Je soutiens que la monarchie despotique et la démocratie pure sont, chacune à sa manière, vicieuses et funestes, et qu'un bon gouvernement ne peut s'obtenir par une autre forme que la mienne. C'est donc celle que les principales nations du monde civilisé ont intérêt à cultiver pour la porter à la perfection.

Dans une constitution représentative, il y a deux grands problèmes à résoudre : l'un est de déterminer le rapport du corps représentatif à ses commettants, et à la grande masse du peuple; l'autre, celui du gouvernement exécutif au corps représentatif. Quant au premier de ces problèmes, un abîme nous sépare. Vous voulez étendre le suffrage électoral le plus possible; moi, je suis d'avis de le borner à une partie de la communauté libre.

DEMOCRATICUS.

Vous pouvez ajouter que je donnerais aux votants le scrutin secret comme protection contre l'intimidation, de manière que chaque électeur fût à même d'exprimer sincèrement son opinion à l'abri de toute influence, et que la franchise électorale ne fût pas une dérision et une duperie.

ARISTOCRATICUS.

L'avantage du scrutin secret a pour autorité principale l'exemple des colonies de l'Australie. Il est reconnu que dans le système américain on vote, de fait, à découvert, et que les suffrages n'y ont rien de secret. Or, je ne crains pas de dire que l'influence exercée par le propriétaire sur le tenancier, par le patron sur l'ouvrier est, selon moi, une des influences légitimes de la propriété, et qu'on ne doit point y porter atteinte. Elle est, comme les autres influences morales, sujette à l'abus; mais l'opinion publique est à la longue, sous ce rapport, une sauvegarde suffisante. C'est un des moyens indirects d'assurer la prépondérance à l'intelligence dans un système électoral, sans recourir à l'expédient de la pluralité des votes.

DEMOCRATICUS.

J'admire avec quelle candeur vous rejetez tout subterfuge, et placez sur son véritable terrain l'argument aristocratique contre le suffrage secret. Il n'est point, que je sache, d'influence légitime de la propriété, autre que celle qui résulte de ses fonctions économiques. Je ne puis admettre qu'on s'en serve pour un objet politique. C'est, il me semble, une pure hypocrisie que de donner un vote sans le moyen d'en obtenir le plein et libre exercice. C'est seulement par le suffrage secret que les classes ouvrières peuvent exprimer leurs véritables opinions, et assurer l'élection de représentants réellement voués à leurs intérêts

ARISTOCRATICUS.

J'ai bien peur que nous ne puissions

en venir à aucun accommodement sur la question du suffrage électoral. Nous partons de principes différents, et nous arrivons fatalement à des résultats contraires. Vos doctrines sont très-spécieuses et vos déductions très-logiques; mais, dans mon opinion, votre système est défectueux, parce qu'il suppose la masse du peuple meilleure qu'elle n'est nulle part actuellement, ou qu'elle ne sera jamais à aucune époque que nous puissions assigner. La théorie démocratique de gouvernement qui admet que tous les membres de la nation sont, tous au même titre, juges compétents des affaires publiques, ressemble, selon moi, au système gouvernemental et à la loi internationale des quakers. Un quaker part du principe que, si les hommes étaient de vrais chrétiens et se conduisaient d'après leurs principes religieux,

on n'aurait pas besoin de gouvernement
civil pour se protéger contre l'injustice
de son voisin à l'intérieur, ni d'armées
et de flottes pour se défendre contre les
attaques de ses voisins du dehors. Il en
tire la conclusion que le gouvernement
civil et la force militaire sont inutiles,
et partant, pernicieuses. Le syllogisme
hypothétique est irréprochable : le sophisme consiste en ce qu'il admet comme
vraie une supposition qui n'est faite
qu'en vue de l'argument, et qui est fausse
dans le fait. Si les hommes étaient,
comme vous le supposez, tous également
compétents pour juger des affaires politiques, votre théorie de gouvernement
serait saine ; mais ils ne le sont pas, et
voilà pourquoi elle est vicieuse.

DEMOCRATICUS.

Mon raisonnement ne m'oblige pas à

maintenir que tous les hommes sont au même degré juges compétents des affaires publiques. Ce que je soutiens, c'est que tous les hommes le sont assez pour l'exercice du suffrage électoral, et pour le choix de leurs représentants ; qu'en outre, s'ils ne jouissent pas de ce privilége en toute liberté, ils sont à la merci de ceux qui gouvernent. Alors, s'ils échappent au pillage et à l'oppression, ils ne le devront qu'à la modération et à l'abstinence volontaire de leurs maîtres, et non à aucune sauvegarde constitutionnelle.

ARISTOCRATICUS.

Vous me regarderez peut-être comme crédule et facile à tromper par les seules apparences de vertu ; mais je préfère un gouvernement fondé sur des principes aristocratiques, pourvu que beaucoup y prennent part, et qu'il n'y

ait point de barrière infranchissable, à
un autre basé sur des principes démocratiques, et je le préfère même comme
gage de sécurité pour les classes ouvrières. Pour ce qui les concerne, je
dirai d'un corps aristocratique bien con-
stitué ce que Juvénal dit des dieux :

Carior est illis homo quam sibi.

DEMOCRATICUS.

Si vos aristocrates étaient des anges,
votre doctrine serait bonne; mais tant
qu'ils resteront hommes, on me permettra d'en exiger toutes les garanties
que les institutions humaines compor-
tent. Quoi qu'il en soit, j'ai peur, que
nous ne fassions guère impression l'un
sur l'autre par nos arguments, et que
cette controverse n'ennuie nos amis;
passons donc à votre second point.

9.

ARISTOCRATICUS.

Je vous ai dit que je considère le système représentatif comme la pierre philosophale de la politique; c'est le passe-partout qui ouvre toutes les portes pour ce qui concerne les peuples de l'Europe, de l'Amérique et de l'Australie. Il rend possible un bon gouvernement aristocratique. Il vous permet de donner à votre coup de filet assez de portée pour entraîner une représentation assez nombreuse de la nation; il permet le choix en même temps qu'il supprime toute démarcation fixe, toute barrière infranchissable. Pour qu'un système représentatif soit bon, la première condition pour moi, c'est qu'il soit aristocratique; c'est un point que nous avons discuté; la seconde, c'est que les rapports entre le corps exécutif et le

corps représentatif soient bien organisés.

DEMOCRATICUS.

Voyons donc ce que vous avez à nous
dire sur ce second point. Peut-être me
trouverez-vous moins intraitable sur
cette partie de notre sujet.

ARISTOCRATICUS.

Il me semble que les principaux
membres du pouvoir exécutif doivent
être membres de la législature suprême,
sinon en vertu d'une loi, du moins par
une nécessité constitutionnelle. Il en
résultera que ce seront des hommes virtuellement élus par la majorité de la
chambre siégeant alors. L'avantage de ce
système, c'est qu'il ne peut jamais y
avoir de conflit permanent entre le
pouvoir exécutif et la majorité de la

législature. Le désavantage, c'est que les charges ministérielles seront disputées par les partis comme le prix de la victoire, et que la tactique parlementaire dégénérera en une lutte de factions intéressées. Or, quand on en vient à la raison dernière, à *l'ultima ratio* de tout gouvernement, quand on a affaire aux forces qui ont pour résultante la possession du pouvoir, il faut s'attendre à y rencontrer un mélange considérable des mauvais éléments de notre nature; on n'empêchera jamais qu'il n'y entre beaucoup d'égoïsme, de fraude, d'intrigue et de corruption. Tous les plans de constitution qui offrent une garantie spéciale contre chaque sorte de maux, sont du domaine de l'imagination, non de la réalité. La meilleure forme de gouvernement, c'est la moins mauvaise.

Nam vitiis nemo sine nascitur ; optimus ille est
Qui minimis urgetur.

Je ne suis pas assez ignorant du
passé ni assez aveugle sur le présent,
pour croire qu'il puisse jamais exister
un système parlementaire sans une
forte dose de motifs égoïstes et d'influence perverse ; mais quand les ma-
nœuvres intéressées de la tactique parlementaire ont pour correctif une publicité réelle, elles sont un moindre mal
qu'un pouvoir exécutif inamovible, qui
agit indépendamment de la législature
suprême. Le frein contre les écarts
d'un corps parlementaire, c'est une
publicité effective. La meilleure est
celle qu'on obtient par la publication
régulière, dans les journaux, du compte-
rendu fidèle des débats, et par les com-
mentaires auxquels cette publication
donne lieu dans la presse. Ce système

est aujourd'hui complétement organisé
en Angleterre ; et on peut dire avec
vérité que le compte-rendu des débats
est un complément nécessaire de notre
constitution parlementaire. Il ne faut
pas oublier que les vices qu'on reproche
le plus à notre système parlementaire
étaient particuliers à un temps où les
débats étaient rapportés d'une manière
subreptice, les comptes-rendus maigres
et inexacts, et où les journaux ne con-
tenaient que des nouvelles, sans aucun
article de fond sur les affaires publiques.
La critique calme et impartiale d'un
public qui n'est pas, comme ceux qui
joutent au parlement, excité par les
passions nées de la lutte elle-même,
et qui ne prend part ni à leurs intérêts ni à leur ambition, voilà ce qui
assure, mieux que toute autre garantie, qu'une législature populaire fonc-

tionnera d'une manière satisfaisante.

CRITO.

Permettez-moi d'interrompre votre discussion par une remarque. Je veux bien, et je désire même que l'élément de race compte pour ce qu'il vaut dans toutes les questions politiques ; mais il est un cas où l'on me paraît lui donner une importance exagérée. Je veux parler de l'argument dont se servent quelquefois les partisans du gouvernement despotique. Ils prétendent que la race anglo-saxonne, par son tempérament calme et flegmatique, est seule propre aux institutions représentatives, et que les autres races sont incapables d'exercer cet empire sur soi-même qui est indispensable à la conduite régulière des affaires dans une grande assemblée délibérante. Or, il y avait déjà des débats dans des assem-

blées nombreuses lorsque les races teutoniques étaient encore dans un état barbare ou à moitié sauvage ; et quels
qu'aient pu être les défauts des républiques anciennes, l'impossibilité de se
faire entendre dans un sénat nombreux
ou même en plein air, était, certes, un
des moindres. On peut en dire autant
des républiques du moyen âge, et affirmer, en toute confiance, que si les gouvernements parlementaires de la France
et d'autres Etats continentaux n'avaient
pas été minés par des influences plus dan-
gereuses que celle que pouvaient avoir
quelques débats tumultueux dans leurs
chambres, ils auraient mis plus de temps
à périr, et fait plus d'efforts pour se sau-
ver.

DEMOCRATICUS.

L'argument en question confond, selon

moi, une qualité qui est le résultat d'une longue habitude et d'une discipline sévère appliquée à une série de générations, avec une disposition inhérente à notre nature. Il faut qu'un homme soit façonné de longue main aux formes constitutionnelles pour qu'il puisse, dans le débat, rester impassible, immobile sur son siége, pendant qu'on attaque ses opinions les plus chères, et qu'on déverse l'ironie et l'invective sur sa conduite et ses intentions, ou sur celles de ses amis, puis se lever avec calme et n'employer dans sa défense que la froide raison et un langage modéré. On ne doit pas condamner le gouvernement populaire parce que ces qualités ne naissent pas de toutes pièces de l'enfantement d'une crise révolutionnaire. Mais revenons, mon cher Aristocraticus, à la seconde garantie que vous signalez comme né-

cessaire pour qu'un gouvernement parlementaire fonctionne d'une manière satisfaisante. Je ne suis point du tout hostile
à votre plan de faire du pouvoir exécutif un comité permanent de la législature suprême, virtuellement élu et
maintenu dans sa charge par la majorité
du jour. Je désire que l'action démocratique soit aussi puissante et aussi péné-
trante que possible, et qu'elle exerce un
contrôle incessant sur la partie exécutive
aussi bien que sur la partie législative du
gouvernement. Le système américain,
qui consiste à élire un premier ministre inamovible pour quatre ans, à faire
des ministres du cabinet ses secrétaires,
presque ses commis, et à les exclure du
Corps législatif, me paraît être fondé sur
une suspicion mesquine de l'influence
démocratique. C'est un expédient, et un
expédient assez sot, pour neutraliser la

tendance démocratique au changement, et pour donner au pouvoir exécutif une stabilité avec laquelle on suppose que la pression des forces démocratiques serait incompatible. Pour moi, je ne partage pas ces appréhensions; et les prix qu'une aristocratie égoïste peut se disputer sans danger en Angleterre, je suis tout à fait d'avis qu'ils soient disputés dans une démocratie par les représentants du peuple, qui, en général, ne peuvent être guidés que par des motifs purs et désintéressés.

Je dois vous dire, à cette occasion, que tout en admirant le caractère et les opinions des grands hommes qui ont fondé le gouvernement des États-Unis, et en croyant que jusqu'à la déplorable guerre civile d'aujourd'hui, ce gouvernement a procuré plus de bien-être au peuple que celui de tout autre pays au monde; je ne puis cependant permettre qu'on juge la démocratie par la manière dont fonctionne la constitution américaine. Cette constitution est un système compliqué où entrent des éléments fédéraux et des éléments d'États ; la souveraineté est partagée entre le pouvoir fédéral central et les gouvernements des États particuliers. Il est vrai que ce pouvoir et ces gouvernements sont également formés d'après des principes démocratiques ; mais le conflit constant entre le pouvoir fédéral et celui des États, et surtout entre les intérêts fédéraux et ceux des États, empêche l'élément démocratique d'agir en toute liberté. Ce conflit a été surtout sensible dans la guerre civile actuelle. Si les États-Unis avaient été soumis à un simple gouvernement démocratique, ou la guerre civile n'aurait pas éclaté, ou bien elle aurait eu des proportions moins gigantesques, et une durée moins longue. Le pivot de leur politique a été une série de compromis entre le Nord et le Sud dus à la médiation du gouvernement fédéral. Ces compromis ont infecté toute la vie publique de la nation, et ont eu beaucoup d'influence sur le caractère et la conduite de ses hommes d'État.

Cette pratique bien avérée, paraît-il, chez les Américains d'exclure de la vie politique les hommes d'éducation supérieure est aussi attribuée à cet esprit de démocratie jaloux et niveleur. Je doute que cet ostracisme accompagne invariablement la démocratie, et j'y vois plutôt un effet du système fédéral qui scinde la carrière politique en deux parties dont aucune ne comprend tous les intérêts du pays. La législature d'État gâte le congrès, et le congrès la législature d'État. Si à cela nous ajoutons que les officiers exécutifs sont frappés d'incapacité pour les fonctions législatives, nous aurons, dans une certaine mesure, l'explication de la position secondaire d'un homme public aux États-Unis. Il n'est que d'un degré au-dessus du conseiller municipal et du marguillier. Je maintiens donc que les succès qu'a obtenus le gouvernement des États-Unis, il en est redevable à son caractère démocratique, tandis que son insuccès partiel doit être attribué à son caractère fédéral. La partie vicieuse de la constitution américaine est son élément fédéral ; la partie saine, l'élément démocratique. L'un survivra à toutes les tempêtes de la guerre civile et des révolutions ; l'autre, je l'espère, s'affaiblira graduellement et finira par disparaître.

ARISTOCRATICUS.

Vos efforts pour justifier la démocratie des États-Unis, en reportant sur le fédéralisme le blâme des mauvaises institutions, me paraissent vains et illusoires. Les véritables causes de l'élection d'hommes inférieurs, c'est le nombre énorme de commettants, et la classe à laquelle appartient la majorité des votants. Leurs suffrages ne sont ni ne peuvent être sollicités en personne. Les élections sont conduites par un *caucus* ou comité d'hommes entreprenants et sans scrupules qui sont leurs propres commettants et qui choisissent les candidats et dirigent les votes de la masse indisciplinée des électeurs. Une élection ainsi conduite tend à exclure les hommes de moralité et de talent, et à mettre en avant les hommes médiocres. C'est un système

qui amène nécessairement la dégradation du caratère représentatif, et, comme
la nation agit par ses représentants, la
dégradation de la nation elle-même.

DEMOCRATICUS.

Je ne pense pas que le système du
caucus soit la cause unique de l'inferio-
rité des hommes élus par les commettants américains ; mais en admettant que
le gouvernement et la législature soient
composés d'hommes médiocres, c'est là
une considération d'une importance secondaire, si les intérêts de la grande majorité sont fidèlement représentés. Toutefois, je le répète, je considère l'élément
démocratique de l'État comme bien plus
important dans l'Union américaine que
son système fédéral. La vraie vie de l'A-
mérique est dans les États. Si l'on exa-
mine à fond leur législation particulière,

on verra que leurs lois sont, en somme, sagement conçues, et qu'elles sont plus propres à faire le bonheur de la masse que la législation générale d'aucun gouvernement monarchique ou aristocratique présent ou passé. J'ajouterai que les effets indirects du suffrage universel démocratique font plus que compenser le désavantage d'avoir des gouvernants de talents médiocres. Sa tendance est d'élever la position et l'intelligence de l'individu, et d'empêcher qu'il n'existe une classe d'hommes avilis, comme celle qu'on trouve dans les rangs inférieurs des États monarchiques et aristocratiques de l'Europe.

ARISTOCRATICUS.

Je ne saurais admettre comme vous que la condition comparativement élevée de la masse de la population dans les

10

États libres de l'Union ait pour cause le
le suffrage universel. C'est, je crois, le
résultat de causes économiques plutôt
que politiques. L'Amérique est un pays
nouveau qui n'est habité qu'en partie;
et il y a beaucoup de terres inoccu-
pées pour les pauvres qui, s'ils ont des
bras vigoureux, peuvent les cultiver
en propriétaires. C'est cela, et non le
suffrage universel, qui donne l'abon-
dance et l'indépendance à la masse du
peuple. Si l'on donnait le droit de vote
aux classes que vous représentez comme
étant si dégradées dans les États de
l'Europe, il ne les relèverait pas de leur
dégradation : leur état social, économique et intellectuel ne subirait aucun
changement.

MONARCHICUS.

Je suis si loin d'admettre avec vous que

l'élément fédéral soit la mauvaise partie, et l'élément démocratique la bonne
dans la constitution des Américains, que
je suis d'un sentiment tout à fait opposé.
J'attribue à la démocratie tous les vices
de leur système de gouvernement, et, selon moi, c'est l'influence fédérale qui a,
dans une certaine mesure, contenu et ré-
primé ces maux. Toute l'influence que le
gouvernement fédéral a exercée a été salutaire. Le fédéralisme a pris, jusqu'à un
certain degré, un caractère centralisa-
teur; sa tendance s'est manifestée pendant
la guerre civile actuelle où le président a
très-sagement assumé un pouvoir presque absolu, et imposé la loi martiale à
toute la population. C'est une erreur que
d'attribuer la dernière scission au fédéralisme. Si tout le pays depuis le Canada
jusqu'au golfe du Mexique avait été soumis à un gouvernement national, le con-

flit d'intérêts entre le Nord et le Sud et les différends au sujet de l'esclavage auraient pu produire également une séparation et une guerre civile.

DEMOCRATICUS.

Vous me pardonnerez, Monarchicus, si je refuse de vous suivre dans cette controverse sur la véritable cause de la guerre civile d'Amérique. Je dirai seulement que, selon moi, il est très-probable qu'on n'aurait jamais cherché à soumettre tout le pays du Canada au golfe du Mexique à un seul gouvernement démocratique. Les facilités déplorables offertes par le fédéralisme pour réunir d'immenses territoires sous un gouvernement de forme quasi-centrale, ont seules fait faire cette expérience, qui devait échouer tôt ou tard. Je dois donc maintenir mon opinion que, loin d'être le côté fort, le fédéralisme est, au contraire, le côté faible du système américain, et qu'on ne pourra faire une épreuve satisfaisante de la démocratie tant qu'elle sera combinée avec l'élément fédéral.

ARISTOCRATICUS.

Quand un gouvernement double, comme celui des États-Unis, a fonctionné pendant quelque temps, il est difficile de dégager les effets des deux parties constituantes, et d'assigner à chacune sa véritable part. D'ailleurs le gouvernement fédéral a lui-même un caractère double. Il a un caractère central en tant qu'opposé au caractère local et distinct des gouvernements d'État ; il a aussi, en commun avec eux, un caractère démocratique, en ce qu'il est établi sur une base démocratique. La démocratie tend à localiser le pouvoir. Il est plus difficile de réunir plusieurs petits États démocratiques indépendants sous un seul gouvernement, qu'un nombre égal de petits États sous un régime monarchique ou aristocratique. Ainsi les États démocratiques contigus, étant peu disposés à faire le sacrifice de leur indépendance pratique, tombent naturellement dans le compromis d'un fédéralisme limité. Ce système peut avoir ses défauts; mais c'est probablement le meilleur arrangement que les circonstances admettent. Il offre de grands avantages aux petits États libres dans leurs rapports avec les nations étrangères. Il les met à même de prendre vis-à-vis d'elles une attitude plus imposante, de négocier en temps de paix d'une manière plus efficace, et si la guerre devient nécessaire, de la faire avec plus de chance de succès. Je ne suis pas de ceux qui croient qu'un gouvernement fédéral soit nécessairement un mauvais gouvernement, et que de petites démocraties, sans lien entre elles, soient toujours préférables à l'union fédérale de ces démocraties. Cela dépend beaucoup, selon moi, de l'étendue de l'État fédéral, et beaucoup aussi de la détermination fixe de ses limites, comme en Suisse, ou de sa facilité de recevoir de temps à autre de nouveaux États apportant avec eux des additions considérables de territoire.

Mais quand même j'admettrais que les côtés faibles du gouvernement des États-Unis ne fournissent point, comme vous le prétendez, Democraticus, un argument contre la démocratie, je remarquerai en même temps que, d'après cette supposition, il n'existe réellement aucun modèle d'une démocratie pure; car la Suisse est aussi une fédération. Si l'on excepte quelques restes des villes libres du moyen âge, les seuls États démocratiques qui existent aujourd'hui sont, comme je l'ai déjà dit, des colonies anglaises. Les États-Unis sont des colonies anglaises aujourd'hui indépendantes ; et les gouvernements d'État sont tout simplement la continuation des constitutions coloniales primitives avec quelques modifications. Ce qu'il y a de neuf dans les États-Unis, c'est le lien fédéral, qui, comme vous le dites avec raison, ne fait qu'entraver la libre application du principe démocratique. Les dépendances anglaises, colonisées par des Anglais, telles que celles de l'Australie et la plupart de celles du nord de l'Amérique, sont aussi des exemples du gouvernement démocratique. Mais ces colonies dépendent encore de la couronne d'Angleterre et font partie de l'empire britannique ; ce sont des dépendances, bien que la métropole n'exerce presque aucun contrôle sur leurs affaires intérieures; et la suprématie légale de la mère-patrie, qui peut être invoquée et exercée dans un cas extrême, sert de frein contre les excès de l'esprit démocratique. Il peut être vrai que le naufrage de la constitution américaine dans la récente guerre civile, moins d'un siècle après sa fondation — car datant dans sa forme actuelle de 1787, elle n'a vécu que 75 ans, à peine la durée d'une vie humaine — est dû plutôt à ses éléments fédéraux qu'à ses éléments démocratiques. Il est possible aussi que les succès des dépendances anglaises résultent du contrôle du gouvernement impérial, quelquefois actif, toujours imminent; mais ni dans un cas ni dans l'autre nous ne voyons l'élément simple de la démocratie fonctionner librement en de-

hors de toute influence. Le seul exemple
moderne de ce que serait un grand pays
d'Europe soumis à un gouvernement démocratique nous est donné par la république française de 1848 à 1851. C'était
une démocratie fondée sur le suffrage
universel, et l'épreuve se fit sur la plus
grande échelle. Nous savons quel en a
été le résultat. Renversée bientôt par un
coup d'État sanglant, elle fut remplacée
par un despotisme militaire. Sauf cette
exception, où la durée fut si courte et
l'insuccès si complet qu'elle ne sera certainement pas invoquée par les amis de
la démocratie, il n'y a point d'exemple
moderne pour montrer ce que serait la
France ou l'Angleterre sous un gouvernement démocratique. Nous n'avons
donc aucune expérience pour conclure
quels en seraient les effets dans ces pays ;
nous n'avons aucun précédent qui n'ait

à souffrir des défalcations et des tempéraments, qui en rendent dans une grande mesure l'application impossible. Le gouvernement démocratique pur, sans principe mitigeant, existe à peine. Or c'est la rareté de la démocratie qui fournit le principal argument en sa faveur. Elle doit son prestige à l'*ignotum pro mirifico*. C'est par des présomptions qu'on la juge, et non par les faits. Ses charmes perdraient beaucoup à être vus de près. Mais l'approcher n'est pas possible, parce qu'un gouvernement de forme démocratique pure, applicable à une nation, n'existe de nos jours que dans le royaume d'Utopie.

MONARCHICUS.

Grâce à la perversité de la nature humaine et à la difficulté d'organiser et de faire fonctionner la constitution d'un

grand pays, la forme de gouvernement
la plus répandue, et dont on a la plus
longue expérience, sera probablement
celle où l'on comptera le plus d'insuccès
et d'infractions aux règles de la justice.
Or la monarchie, sans contredit, est
encore de nos jours, comme de tous les
temps, la forme prédominante. Il y a
certainement cent exemples de ce régime
contre un des deux autres. Voilà pourquoi les partisans de la république peuvent citer tant d'exemples de monarchies
mauvaises. Cette forme est plus fré-
quente, mais non pire que les autres. Sa
bonté, au contraire, a servi à la répan-
dre; multipliée, elle a donné naissance à
des abus multiples. L'outil le plus en
usage sera le plus souvent imparfait; non
qu'il soit mauvais, mais parce qu'il est
soumis aux épreuves les plus rudes et les
plus diverses. Si les aristocraties et les

démocraties avaient été aussi nombreuses
que les monarchies, le monarchiste aurait pu citer plus d'exemples d'abus dans
ces formes de gouvernement que les
aristocrates et les démocrates n'en pour-
raient trouver dans les États monarchiques.

DEMOCRATICUS.

Vos arguments sont plus ingénieux
que justes. Vous vous faites de la rareté
de la démocratie une arme contre moi.
Si elle est rare, c'est qu'elle est excellente. L'égoïsme des classes dominantes
a pris soin d'en empêcher l'extension
parce qu'elle est l'ennemie naturelle de
leurs excès. La démocratie est la forme
la plus rare parce que c'est la meilleure.
Les rois et les aristocrates la redoutent
et l'abhorrent parce qu'elle met un frein
à leurs abus de pouvoir.

MONARCHICUS.

Vous pensez remédier par la démocratie aux maux que vous décrivez, soit;
mais n'en introduisez-vous pas d'autres
encore plus funestes. Si vous rejetez le
fédéralisme, comment gouvernerez-vous
les grands États? N'oubliez pas que les
démocraties conquérantes de l'antiquité
ne s'incorporaient pas les territoires
soumis, mais les laissaient à l'état de dépendances.

DEMOCRATICUS.

Je donnerais à tout État un gouvernement démocratique simple, à moins qu'il
n'eût un territoire trop étendu et des
intérêts trop complexes pour comporter
un gouvernement simple; auquel cas je
lui donnerais un gouvernement fédéral.
Avec tous ses défauts, cette forme vaut
encore mieux qu'aucune variété de mo-

narchie ou d'aristocratie. Mais, je l'avoue, mon idéal de la félicité humaine, c'est l'humanité fractionnée en petits États démocratiques. Vous voulez donc, me dira-t-on, multiplier les guerres et entraver le commerce? Sans doute ces effets sont l'un et l'autre possibles dans l'état actuel de l'intelligence humaine. Mais quand on considère les progrès faits par l'opinion publique en Europe depuis un demi-siècle, on peut, sans excès d'optimisme, espérer que les nations civilisées arriveront un jour à comprendre combien la guerre et les restrictions commerciales sont choses pernicieuses. Une fois ces vérités vulgarisées, le monde recueillerait tous les avantages de la démocratie pure et du gouvernement à bon marché, sans souffrir les inconvénients auxquels un système de petits États serait aujourd'hui sujet.

ARISTOCRATICUS.

Votre goût pour la démocratie vaut moins que votre prudence à l'exclure des grands États. Mon idéal pour le bonheur des hommes n'est pas le vôtre, tant s'en faut. Dieu me garde d'attendre cette époque incertaine, problématique, où les nations seront assez éclairées pour comprendre que la protection commerciale est un mal et la guerre un fléau, et pour mettre leur conduite en harmonie avec leurs convictions. Je voudrais voir toutes les monarchies et le peu de démocraties qui existent converties en aristocraties, et tous les pays, grands et petits, soumis à ce régime. Dans une oligarchie bien organisée, c'est l'intérêt des classes propriétaires qui décide, et cet intérêt est plus ou moins bien compris selon qu'il y a plus ou moins de lumières. Dans aucun gouvernement, il est vrai, l'on n'empêchera jamais que l'influence de la propriété ne se fasse sentir ; mais le gouvernement démocratique dépend, dans une grande mesure, du sentiment, de la passion et du cri populaire du jour, et est soumis à l'influence d'aventuriers et de démagogues qui seuls dirigent le peuple. L'adoption générale du gouvernement aristocratique réduirait, je crois, au minimum les chances de guerre. L'État soumis à ce régime a, plus que tout autre, une politique égale, modérée et stable. Si, comme Rome, il prend le caractère militaire, alors, à la vérité, il fait la guerre avec ténacité et vigueur; mais sa tendance générale est pacifique.

DEMOCRATICUS.

La démocratie est le terme où aboutit

naturellement toute société civilisée. A mesure que les lumières se répandent et que le bon ordre s'établit, l'amour de l'égalité et l'aversion pour les distinctions artificielles et légales augmentent. Vous aurez beau fermer les yeux à cette vérité, elle s'imposera d'elle-même à l'esprit le plus rebelle. Tous les mouvements sociaux récents chez les nations civilisées, ont été dans le sens de la démocratie aux dépens de l'aristocratie. Ce changement se manifeste sous mille formes dans les coutumes, dans la littérature et dans l'art. Une aristocratie est donc une société politique instable; ce n'est qu'au terme de son évolution, aboutissant à la démocratie, qu'elle cesse d'osciller. Mais une société sans cesse agitée aura toujours des dissensions à l'intérieur, et, à l'extérieur, une politique irritante et tracassière. L'une ou l'autre cause peut amener la guerre, et je soutiens que la prédominance du régime démocratique serait plus favorable au maintien de la paix que le régime opposé.

CRITO.

Les deux grands fléaux des nations civilisées modernes, ce sont la révolution et la guerre. Une révolution produit presque infailliblement des luttes intestines plus ou moins longues, ce qui fait que la révolution a de l'affinité avec la guerre. L'une et l'autre en appellent à la force en dernier ressort et suspendent la souveraineté régulière. Mais avec une constitution passable et une administration sage et éclairée, un gouvernement échappe d'ordinaire à la révolution. — Une habileté et une prudence même médiocres, dans les chefs, suffisent pour conjurer cette extrémité.

Dans l'état actuel de l'humanité, on peut regarder une révolution comme le signe soit d'une direction essentiellement mauvaise des affaires publiques, soit de quelque défaut radical dans la constitution.

On peut, sans excès d'optimisme, prévoir le temps où les révolutions seront comparativement rares, et où, si elles arrivent, elles ne seront pas accompagnées de carnage, de confiscation et de mesures violentes sur une grande échelle. Quant à la guerre étrangère, qui dépend des relations entre États indépendants, elle est plus difficile à conjurer, et j'avoue que les obstacles qui s'opposent à la paix perpétuelle me paraissent presque insurmontables. Le jugement que le public forme des mobiles et des actes de son propre gouvernement est certes souvent erroné. Mais du moins ce public est poussé par la curiosité et par l'intérêt à se rendre compte de la conduite de ce gouvernement qui est le sien, et les matériaux que la presse périodique lui fournit à cet effet, sont amples et, en général, dignes de confiance. De là vient que le jugement prononcé de son vivant sur un roi ou sur un ministre par ses compatriotes, est généralement vrai ; il est rare que l'historien puisse renverser le verdict des contemporains sur le caractère d'un homme public. Il en est tout autrement s'il s'agit d'un autre pays. Les étrangers ne connaissent qu'imparfaitement ses faits et gestes. Ils n'ont aucun intérêt à surveiller sa conduite, et ils se soucient peu des mesures qu'il prend. Ils ne lisent pas ses journaux régulièrement ; très-souvent même ils ignorent sa langue. Ils ne connaissent son histoire contemporaine que par les récits de leurs propres journaux.

11.

Une ignorance profonde les rend impropres à apprécier sa conduite et ses motifs; bien plus, leur jugement court risque d'être perverti par le préjugé national, par la jalousie, et par cette crédulité maligne toujours si active quand l'étranger est en cause. Dans les longues annales de la folie humaine, il n'est point de chapitre plus long et plus honteux que celui qui contient les jugements des peuples les uns sur les autres. Quand sur ce fondement malsain viennent se superposer les conséquences d'une souveraineté distincte, l'absence de tribunaux communs et d'une règle de justice commune et obligatoire, l'espoir de la conquête et du pillage, le point d'honneur national, le ressentiment des outrages reçus et le désir de les venger, un regard jeté sur ce tableau nous permet de juger du

nombre et de la force des causes qui
tendent à allumer la guerre entre États
indépendants. L'institution de ministères spéciaux pour les affaires étrangères, et celle d'ambassades permanentes,
ont souvent des effets pacifiques, il est
vrai, mais souvent aussi une tendance à
produire la guerre, parce qu'elles créent
une classe de fonctionnaires qui ont un
intérêt de profession à se mettre en quête
de griefs, à tenir registre des insultes faites
à l'honneur national, et à dresser procès-
verbal des mauvaises intentions et des
projets d'empiétement des pays étrangers. Quoique les grandes armées permanentes que les guerres de Napoléon
ont léguées à l'Europe soient une cause
d'épuisement pour la richesse nationale,
il ne semble pas qu'elles tendent à causer la guerre ; car la paix n'a jamais été
aussi générale en Europe dans le même

laps de temps que pendant les quarante-huit années qui suivirent 1815, époque d'où date ce système.

Le monde sera toujours partagé en nombreux États indépendants. Le manque d'habileté dans l'art de gouverner empêche les barbares de soumettre de grands territoires à un seul sceptre. Parmi les nations civilisées, l'esprit de nationalité produit le même effet. Napoléon était un grand capitaine ; il comprenait aussi parfaitement le gouvernement militaire ; il savait organiser un grand pays de manière à lui faire fournir une grande armée par la conscription, et à payer de lourds impôts de guerre. Mais il ignorait les principes du gouvernement civil et les raisons qui lui servent de base. Ses idées sur la manière de gouverner ses conquêtes, comme dépendances françaises, étaient simplement puériles. Supposer qu'un tel système, dans l'état actuel des populations européennes, pût avoir des chances de stabilité, c'était le rêve d'un insensé. Mais quand bien même Napoléon aurait mis à consolider ses conquêtes l'habileté et le calme de l'homme d'État le plus sage, il aurait encore échoué. Le problème était insoluble.

On a imaginé deux manières de soumettre à un gouvernement à peu près unique, non les nations de l'Europe, mais des pays nouvellement colonisés et des territoires voisins à demi barbares : l'un est le système fédéral, l'autre le système anglais moderne des dépendances à moitié émancipées. Les Américains ont essayé de soumettre la plus grande partie de l'Amérique du Nord à un seul gouvernement fédéral, bien persuadés en même temps, et proclamant bien haut qu'ils doivent s'avancer indéfiniment vers le Sud; c'est leur théorie de « la destinée manifeste. » La guerre civile vient de montrer que des États distincts si éloignés les uns des autres, et ayant des intérêts aussi opposés, ne peuvent pas être unis d'une manière permanente par un lien fédéral. Pour des communautés voisines les unes des autres et ayant des intérêts presque identiques, le lien fédéral est trop lâche; pour des communautés séparées les unes des autres par de grands espaces, ayant un caractère et des intérêts différents, c'est une chaîne lourde et gênante. Cette dernière lutte intestine fait voir que le système américain n'est point une garantie contre la guerre. Si les États du Nord et du Sud avaient été indépendants les uns des autres, il est probable qu'ils ne se seraient pas fait la guerre pour un aussi léger motif, et que, si la lutte devait avoir lieu, elle aurait été moins désastreuse et plus facilement terminée.

Le système anglais des dépendances est plus souple que le système fédéral des Américains. Bien que le pays dépendant ne soit pas sur un pied d'égalité avec la métropole, il y a cependant une connexion moins intime entre leurs gouvernements respectifs qu'entre le gouvernement de l'État et le gouvernement fédéral. Ces deux derniers sont, dans leur action, moins indépendants l'un de l'autre. Le gouvernement du Canada ou de Victoria intervient moins dans le gouvernement de l'Angleterre, et le gouvernement de l'Angleterre se fait moins sentir dans celui du Canada ou de Victoria que le gouvernement de la Caroline du Sud n'intervenait dans le gouvernement fédéral, ou que le gouvernement fédéral ne pesait sur celui de la Caroline du Sud.

Il y a une autre différence essentielle entre les deux systèmes. Quand l'Angleterre acquiert une nouvelle dépendance par la colonisation ou par la conquête, l'acquisition ne modifie en rien la composition du gouvernement impérial. Les nouvelles institutions se bornent au pays dépendant ; rien n'est changé en Angleterre. Mais quand un nouvel État s'incorpore à l'Union américaine, un nouveau groupe de membres vient grossir le congrès. Ainsi se trouve dérangé l'équilibre des partis et des intérêts politiques. Voilà pourquoi les États du Sud attachaient une si grande importance à ce que les territoires ne fussent point des pays libres. Si tous les États récemment ajoutés devaient appartenir au parti du Nord, l'élection du président et les votes